太姥族谱文献

张先清 主编

福鼎文史·太姥文化研究资料丛刊

厦门大学出版社
XIAMEN UNIVERSITY PRESS
国家一级出版社
全国百佳图书出版单位

图书在版编目(CIP)数据

太姥族谱文献/张先清主编. —厦门:厦门大学出版社,2018.11
(福鼎文史·太姥文化研究资料丛刊)
ISBN 978-7-5615-7169-9

Ⅰ.①太… Ⅱ.①张… Ⅲ.①氏族谱系—研究—福鼎 Ⅳ.①K820.9

中国版本图书馆 CIP 数据核字(2018)第 263427 号

出 版 人	郑文礼
责任编辑	薛鹏志
封面设计	李嘉彬
技术编辑	朱　楷

出版发行　厦门大学出版社
社　　址　厦门市软件园二期望海路 39 号
邮政编码　361008
总 编 办　0592-2182177　0592-2181406(传真)
营销中心　0592-2184458　0592-2181365
网　　址　http://www.xmupress.com
邮　　箱　xmup@xmupress.com
印　　刷　厦门集大印刷厂

开本　720 mm×1 000 mm　1/16
印张　11.75
插页　2
字数　220 千字
印数　1～3 000 千字
版次　2018 年 11 月第 1 版
印次　2018 年 11 月第 1 次印刷
定价　54.00 元

本书如有印装质量问题请直接寄承印厂调换

厦门大学出版社
微信二维码

厦门大学出版社
微博二维码

福鼎市政协·福鼎文史

太姥文化研究资料丛刊
编委会

主　任：李绍美　叶梅生

副主任：丁一芸　曾庆游

成　员：赖百曲　杨雪晶　白荣敏　狄　民
　　　　郑　坚

主　编：张先清

副主编：白荣敏

总　　序

　　太姥文化作为中国地域文化形态之一，具有十分丰富的文化内涵，值得深入考察。众所周知，要切实推进一种地域文化的研究，关键是必须打下坚实的资料基础。近人梁启超在谈到史料对于史学研究的重要性时，就曾形象地把史料喻为"史之组织细胞"，认为"史料不具或不确，则无复史之可言"，由此可见资料对于学术研究而言不啻清渠活水。脱离了扎实的资料搜集与整理工作，其研究则无异于无源之水，无本之木。因此，推动太姥文化研究的当务之急是充分挖掘太姥文化区的资料蕴藏，这也是我们编辑这套资料研究丛刊的主要原因。

　　毫无疑问，历经数千年积淀所形成的太姥文化研究资料是十分丰富多样的，大体而言主要有如下三大类：首先是文书档案类资料，包括历代档案、方志文集、报刊文录、宗族谱牒、歌册笔记、碑铭图像、民间契约等，可以说，留存在福鼎地区的这一类别资料数量众多，有些还是相当稀见的珍品。其次是民族志记录资料。这部分资料主要指的是田野调查中所访谈到的各种文化现象的记录，诸如戏曲传说、民俗歌谣、信仰仪式、生产技艺等各种非物质文化遗产的口述与观察所得。第三种是物质文化资料，这主要指的是诸如考古遗址、古村落、古建筑、民俗文物等物质文化遗存。以上三大类别的资料，是支撑太姥文化研究迈向深入的重要基石，也是我们塑造太姥文化高地取之不尽的宝库。

　　接下来的数年时间里，我们计划持续不断地推出八辑《太姥文化研究资料丛刊》，第一辑是太姥诗文集专辑、第二辑是石刻文书专辑、第三辑是族谱文献专辑、第四辑是契约文书专辑、第五辑是宗教文献专辑、第六辑是族群文献专辑、第七辑是档案文献专辑、第八辑是史料汇释专辑。我们拟从历史学、人类学、民俗学、宗教学、考古学等相关领域角度,针对太姥文化区的文化资源进行全面系统的发掘、整理与出版,从而达到抢救濒临消失的地域文化遗产、探索整理地域文化资源有效途径等目的。

  太姥文化研究资料的搜集与整理,是一项十分繁重的文化工程,然而,其意义也是不言而喻的,它不仅能够最大限度地保存本地区的档案文献与历史记忆,留住文化乡愁,同时也必将促进太姥文化学术研究的资料积累、提升地域文化形象。正是基于这种认识高度,福鼎市政协的各位领导独具慧眼,热心支持这套文史资料丛书的编纂与出版,尤其是市政协原主席叶梅生、现任主席李绍美,副主席丁一芸,原秘书长张开潮、现任秘书长曾庆游,杨雪晶、赖百曲主任等人,在资料丛书的主题设计、编辑整理、出版过程中,都提出了宝贵的意见,付出了许多心血。地域文化的研究,需要更多像他们这样的有心人,因此,我们诚恳地盼望来自社会各界人士的大力支持。

张先清

2018 年 9 月

前　言

中国东南地区所具有的一个社会结构特点是长期以来形成了十分发达的宗族传统。在东南乡土社会,遍布着大小不一的各类宗族组织。福鼎所在的太姥山区域,因为其山海相间的地理环境,再加上处于闽头浙尾区位,历史上也是多元族群互动频繁的地区。唐宋以来,随着这片富饶的土地陆续开发,在长时期的发展过程中,形成了许多以单姓或数个主姓为主的宗族聚落,呈现出较为明显的宗族社会特征。其中,类似桐山高氏、施氏、秦屿王氏、磻溪林氏、西昆孔氏、周山周氏、玉塘夏氏、沙埕刘氏等,都是在当地具有广泛影响的大族。

在宗族发展过程中,编撰族谱无疑是族中大事。作为一家之史的族谱,包含着丰富的宗族谱系与地方文化内容,是一种十分重要的民间文献资料。尽管从某种程度上说,族谱是一种"私家史记",但编撰者在记述该族世代相传的血统序列之外,不可避免地涉及地方政治、经济、文化等多方面的内容,从而使得族谱成为重要的地方文献类别,引起学术界的广泛关注与研究,甚至发展出专门针对族谱研究的谱学门类。目前福鼎地区的各个宗族组织几乎都编订有本宗族的族谱,我们在当地开展田野调查期间,就搜集到了十分丰富的各类族谱资料,据不完全统计,其数量几近百种之多。这些族谱的编订时间主要集中在清代中期以降直至当代各个时期,形式不一,既有较为精良的刻本,也有不少是民间抄本。可以说,这些收藏在民间的各类谱牒,是研究太姥文化区社会发展的重要资料。

本书即是选取上述太姥文化区的部分族谱资料所开展的初步研究,其中上编收录了五篇论文,主要是依照族谱中所记载的相关资料,围绕宗法实践、地域社会史、历史记忆、宗族意识、宗族形态、地方社会发展等角度针对宗族与地方社会关系进行研究，探讨族谱资料在建构地方社会文化过程的作用。其中，邹筱云考察了管阳《范氏族谱》中体现的宗族宗法制度实践情况；李蕊利用周山《周氏族谱》中的资料，研究了周氏的移居与地域社会意识之构建问题；舒璋文根据潋城杨氏族谱的资料，考察了杨氏宗族的历史记忆；巴贵达从西昆《孔氏族谱》中的相关记载考察了孔氏南宗的一支——西昆孔氏宗族的历史及其文化功能；张敏则从玉塘《夏氏族谱》的资料记载，探讨了明清之际东南沿海堡寨社会的形成。

下编部分则收录了六个宗族的族谱文献中有关反映宗族与移居历史、宗族建设、乡土社会秩序、艺文等方面的资料内容。这些族谱文献在帮助今人理解中国东南地区乡土社会的形成方面很有裨益。首先，各宗族谱序中保存了大量的移民与地方开发历史资料。对于一个地域社会而言，族谱中保存的历代谱序，虽然讲述的是一个宗族的历史，但涉及当地移民流动与开发等情况，因此往往也是一个地方的成长历史。例如，管阳范氏族谱中保存的道光六年（1826年）《本谱迁福鼎后新作前序》中提到了范氏一族祖先在唐末五代间从河南光州固始南迁闽东福安，此后子孙分别迁居政和、泰顺、庆元、福鼎间的历史。叠石《王氏宗谱》嘉庆六年谱序中也提到王氏宗族的祖先是由闽到浙然后再进入福鼎："务琨公迁居闽之长溪赤岸，生三子，长处一，次奉一，次如一。处一公派迁居王家洋，奉一公派迁巷里及温江平阳等处，至洪四、洪七二公，更迁此玉石境永安里，厥后大振箕裘之业，宏开燕翼之堂"。由此可见，历史上闽东与浙南地区的开发，与当地宗族流动网络具有非常密切的关系，这是一个值得注意的研究议题。

此外，对于历史上影响地方社会的大事件，族谱中也往往会加以记载。例如明中叶对东南地区造成严重危害的倭寇袭扰事件，福鼎当地不少族谱中都保留有相关的记录，典型者如桐山《高氏族谱》中有一篇《重建圆觉寺记》，记载了本族寺祠合一的渊源：

  溪西之有圆觉寺，既曰寺矣，而又称为高氏祠，斯二者紫澜公曾记之矣。公曰寺之初，不知始于何代，是寺非吾祖创也。吾祖特增其式廓耳。又曰，吾祖承家世中衰，崛起明兴之代，以堂构余力，建寺舍田以给僧徒。是寺也，犹未为祠也。祠之始，在嘉靖间，因倭奴告警，所至焚毁而独敬佛,不毁寺观。故先人因移祖宗栗主于寺楼,盖以避倭也。①

从上述记载可知,高氏宗族之所以将圆觉寺改为宗祠,正是因为明代嘉靖年间倭寇侵扰当地,考虑到倭寇"不毁寺观"的传闻,为了保存宗族历代神主不受侵犯,就将祖先牌位移入圆觉寺中,此后,这一传统延续下来,从而形成了高氏寺祠合一的情况。同样,赤溪《杜氏宗谱》中保存的光绪十一年"修金溪杜氏族谱叙"中也提到倭寇对福鼎社会产生的毁灭性冲击:"况吾郡自明中叶以还,遭倭蹂躏,乡之土著者百无一家。"这些族谱中记载的反映明代倭患的史实,生动地揭示出了当时东南沿海地区的倭患对当地社会所产生的严重危害。可以说,明清以来福鼎地区所经历的历次重大事件,几乎都在当地族谱中留下了相关的记载,例如清代前期为了防范郑成功反清势力而开展的迁界行为,对当地产生了很大的影响,许多宗族被迫放弃原先居住的村落,流散各处,对于这段历史,以往官书上很难留下更多的底层记录,但当地宗族却没有忘记这段苦难历程,将之作为宗族记忆的一部分保存在族谱中。可以说,这些族谱文献展现了在国家大历史背景下普通民众卷入历史大变局中的状况,是十分生动的地方社会写照。

传统时代,宗族组织在维系地方社会秩序方面往往扮演着十分重要的角色,这种情况在东南地区尤为显著。为了保障本宗族的发展,增强其在地方社会的竞争力,各个宗族一般会制定出族规家训等各种规约,这既反映了宗族结合儒法的一种制度化建设,同时也成为宗族实践的依据。这些族规乡家训的制定,可以达到规范族人行为,进而有效维护乡土社会秩序的目的。这类族规家训普遍存在于太姥山区域各个宗族族谱中,典型者如磻溪林氏族谱中就收录有一篇清代本宗族的《祠堂家法》,反映了林氏宗族所制定的十一条族规,从崇尚孝道、长幼有序、息讼止争、抚恤孤寡、禁止淫盗等角度,对族人进行教育。这些都是重要的地方社会史资料。

与此同时,宗族也是乡土社会建设的重要倡导者与参与者。可以说,历史上城乡之间的各种公共空间如寺庙、宫观等宗教信仰场所,桥梁、堤坝等水利设施,书院、社学等教育机构,往往也是宗族组织发起捐建。太姥山区域也是如此,例如,在桐山《高氏族谱》中保存有一篇《昭明寺塔记》,讲述了明代嘉靖年间本族捐建当地古刹昭明寺塔的经过:

---

① 桐山《高氏宗谱》卷十二,《艺文》,宣统辛亥年修。

此塔建自萧梁昭明太子大通元年丁未,迄我朝嘉靖甲午千有三十五年。奈何世久砖瓦飘零,住持僧广性请同福宁州十七都桐山信士、徐湖信官高祥,同弟高汉募众同修,采妆圣相,塔后复建禅堂五间,总报四恩,齐资三有,咸祈法界庄严,胜事悠久者。大明嘉靖十三年甲午腊月谨识。①

类似上述反映宗族参与营建地方公共空间的情况,在不少族谱中都保存有相关的记录,对这部分文献进行研究,可以深刻地认识到传统时代宗族组织在当地公共场域的作用。

唐宋以来,太姥山区域产生了一批在社会上有影响的文人,这些知识精英主要来自当地的世家大族,他们即是各个宗族的骄傲,也是当地的文化象征。宗族谱牒中也会收录不少本族知识精英所撰写的诗文,这些诗文或描慕地方景致,或抒怀咏志,往往不见于其他诗文集。这些族谱中保存的乡土艺文,也是理解地方社会文化的珍贵资料。如《杜氏族谱》中保存的民国年间本族文人所撰写的二十首"咏仁会里诸形胜诗"及十四首"咏仁会里十四景诗",其中"芙蓉耸秀"一首云:

青山削出两员峰,竦拔崔嵬紫翠重。
烟雨初开云霭霭,不知衡岳有芙蓉。

这些诗文形象地描绘出磻溪乌杯一带山峦叠嶂、溪水含翠的秀丽景色,不仅反映了金溪流域的历史状况,而且也为当前乡村文化旅游开发中的景观重塑提供了宝贵的文化资源。

总之,太姥山区域的宗族谱牒中保存着许多珍贵的文献资料,等待我们去深入挖掘。而这部分族谱资料,无疑是当地记忆遗产的重要组成部分,也是今后研究太姥山地区乃至闽东浙南地区重要的民间文献资料。然而,通过此次田野调查我们发现,尽管当地族谱资源十分丰富,但保存状况却令人担忧。在漫长的岁月流转过程中,不少宗族的旧谱丢失,新谱又因为各种原因保管不尽如人意。此次收录在本书中的族谱文献只是其中一部分,还有很多族谱文献有待进一步搜集整理。通过此书的编纂,我们也诚恳地盼望社会各界能加强对于太姥山区域丰富的族谱文献保护与整理,从而守护好祖先留下的记忆遗产。

---

① 桐山《高氏宗谱》卷十二,《艺文》,宣统辛亥年修。

目　录

上　编　移居、宗族与地域社会

从管阳《范氏族谱》看明清地方宗族的宗法制度实践 …………… 邹筱芸/2
桐山《高氏宗谱》与地域社会史的创造……………………………… 段云兰/14
移民群体与地域社会意识之构建
　　——以佳山《周氏族谱》为中心……………………………… 李　蕊/36
族谱与宗族组织:潋城杨氏的宗族实践与历史记忆……………… 舒璋文/48
从西昆《孔氏族谱》探究孔氏宗族的历史及其文化功能………… 巴责达/58
从玉塘《夏氏族谱》看明清之际东南沿海堡寨社会的形成……… 张　敏/67

下　编　族谱文献选辑

仙蒲《林氏宗谱》中的地方社会文化……………………………… 张云鹤/78
管阳《范氏族谱》中的地方社会文化……………………………… 邹筱芸/93
叠石《王氏宗谱》中的地方社会文化……………………………… 李天静/105
点头《梅氏家谱》中的地方社会文化……………………………… 舒璋文/124
磻溪《林氏宗谱》中的地方社会文化…………………… 刘长仪　娜木罕/133
赤溪《杜氏宗谱》中的地方社会文化……………………………… 刘明月/155

上编

移居、宗族与地域社会

从管阳《范氏族谱》看明清地方宗族的宗法制度实践

邹筱芸

在中国历史上,历朝历代对祭祖立庙都有着严格的规定。上至帝王,下至平民都依其身份地位而遵从不同的规则。祭祖立庙是具有特权身份的等级象征,森严的宗法制度由此而来。但是,自明中叶始,祠堂的建造及祭祀远祖的活动成为"普遍的社会风尚"。到了清代,这种现象进一步发展。①科大卫认为,宗族组织之所以在明清时期不断呈现发展趋势,与明初政府建立起的里甲制度的崩塌相关。这一后果导致地方社会所主导的宗族制度上升与扩张。在明嘉靖年间的"大礼议"事件中,一些官员仿照官方家庙的形制而开始修建祠堂,以支持嘉靖皇帝对"孝道"的坚持。正是这种"彰显宗族与官方关系"的举措之后逐渐影响了基层社会。②除了里甲制的崩塌之外,地方社会所主导的宗族制度的逐渐成熟也是这一时期基层社会宗族扩张的重要缘由。③郑振满提出宗法制度在明清时期的改变要追溯到宋代的观点。源头是陈颐、朱熹等理学家所倡导的一种"庶民化"的宗法理论。正是这一理论的逐渐形成,为民间宗族组织的发展提供了先决条件。明中叶后,虽然制度上对庶民建祠和追祭远祖持宽容的态度,同时也有不少官员提出建议,但却并没有成为正式的规则。反之,民间宗族组织的发展成为冲破宗

---

① 郑振满:《明清福建家族组织与社会变迁》,北京:中国人民大学出版社,2009年,第172页。

② 科大卫著,卜永坚译:《皇帝和祖宗:华南的国家与宗族》,南京:江苏人民出版社,2009年,第11页,第100页。

③ 郑振满:《明清福建的里甲户籍与家族组织》,《中国社会经济史研究》1989年第2期,第38~44页。

法制度的必要前提。① 福鼎管阳徐陈村范氏宗族就是在上述这样的大环境中形成。

本文根据管阳《范氏族谱》中选择性记载的宗族对明清时期宗法制度的实践,尝试从文本中分析其背后的运作主体——徐陈村的范氏,如何由宗族分支"房"②发展成为一个地方宗族的过程,并讨论其中的文化意义。

一、历史记忆的建构

李亦园先生在《近代中国家庭的变迁》中指出,中国宗族的运作遵循三个基本原则,第一是"亲子关系原则",表现在"慎终追远"一类的行为;二是"世系关系原则",表现在传承、承继等义务行为;第三是"权利关系原则",表现在分支、对抗等行为上。③宗族本质上是一个由父系继嗣关系构成的亲属群体,谱牒成为宗族承载历史记忆并使之传续的普遍媒介。其最基本的作用是"纪世系序宗族别远近亲疏,令人百世之昭穆莫不了如指掌焉。"④

明万历三十七年(1609年)的《本谱大岩前序》记载了范氏家族的宗族脉络和数次迁徙的原因:

> 吾远祖积一公,原居河南光州固始县。当南宋之时避金人之乱,徙居于闽之福安县。其长子日曜公又徙居政和之范家山头。日曜公生九男二女,第三子小三公于宋宝庆三年徙居于南洋之地,历元迄明凡九世子姓蕃衍。而我高祖日万公于明宣德年间徙居黄公山,不数载,而曾祖秦六公复徙于大岩之村头。迄今六世,已历一百八十年矣。前此人丁稀少,不过附列于南洋祖家之谱耳。今则户口渐增,不及今时而为之谱,无以遗后裔而传久远也。⑤

根据上文记载,福鼎徐陈坪范氏的移居历史可追溯至南宋,其祖先由河

---

① 郑振满:《明清福建家族组织与社会变迁》,北京:中国人民大学出版社,2009年,第173页。
② 关于"房"的定义沿用陈其南在其论文《房与传统中国家族制度——兼论西方人类学的中国家族研究》(《汉学研究》第3卷第1期,1985年)中的阐释。
③ 李亦园:《近代中国家庭的变迁:一个人类学的探讨》,《"中央研究院"民族学研究集刊》第54期,1982年,第7~23页。
④ 福鼎管阳徐陈村《范氏族谱》,年代不详。
⑤ 福鼎管阳徐陈村《范氏族谱》,年代不详。

南固始县迁居福建福安。随着人口繁衍,迁居福安的范族分支在闽、浙两地数次迁徙。在闽定居之后,远祖积一公的长子曰曜公迁居政和①。在曰曜公所生的九男二女中,第三子小三公在宋宝庆二年(1226年)迁居浙江。徐陈坪范氏的高祖曰万公就是小三公的后代,他在明宣德年间迁居黄公山。他的儿子秦六公又迁居大岩村居住。这一支范氏后裔在此经历了六代之后,一直到了明万历三十七年人丁繁茂之际,才着手修谱事宜。由此可见,人口是宗族形成的基础,从南宋开基福建,一直到了明宣德年间,范氏家族的人口基数才构成了作为组织的宗族形成的必要条件。

　　福建不少家族都认为本族由河南迁徙而来。"从流传至今的闽台两地民间族谱中所记载的各姓氏的族源追溯上看,至少有一半以上的家族,声称自己的家族来源于中州河南的世家望族。""闽祖光州固始"的说法自宋以降成为民间主流,"主要原因就在于五代时光州固始王审知兄弟的率部入闽,不仅带来了众多的固始乡亲一道迁移闽中,并且在闽中建立了第一个地方政权——闽国。"王审知兄弟率部入闽对当时属于边陲地区的福建社会文化有着直接的影响。光州固始的王氏家族与其部属在闽建国之后,成为闽中的统治阶层。由于受到了上述因素的影响,"光州固始"在闽中成为掌握资源和权力的北方汉民族祖源的象征符号。北方汉民族的南迁,给东南地区带来了另一种社会形态和生产方式,促进了南方地区的开发。同时,长久以来南迁汉民在东南地区艰难地延续世代,攀附中原世家望族的风气在他们当中逐渐形成。向往文化核心区域的心态就在世代交替中被东南地区的家族继承下去,并在族谱中不断体现光州固始这一祖源符号的影响。② 福建大部分的家族来自北方士民南迁的几个高潮时期,分别是西晋的永嘉年间、唐初的高宗时期、唐末五代时期,以及宋末、元末等易代时期。陈支平教授认为,历史上这几次南迁在政治和姓氏上都有一定的优越感,因此宋、元以来福建各家族的修谱,大多数把祖先入闽附会到上述这四个时期。而绝大多数关于入闽的记载都是语焉不详。③

　　道光六年(1826年)续修的族谱序文出自大岩范氏的第十世孙,这是徐

---

① 政和县今属福建南平市,与浙江省南部相邻。
② 陈支平:《历史与文化的歧义与超越——家族和族谱研究中的一个思考》,《安徽师范大学学报(人文社会科学版)》2014年第1期,第4~6页。
③ 陈支平:《福建族谱》,福州:福建人民出版社,1996年,第125页。

陈坪范氏的第一次修谱。前半部分讲述了范氏先祖积一公从河南迁居福建之前的源流,这部分是在前几次大岩范氏的族谱中不曾出现的内容。"吾稽范氏旧谱始自监明(帝尧长子),越十三世有累公学扰龙于豢龙氏,以事孔甲。"①在康熙五十七年的谱序中,也曾提及范氏在宋以前的活动,但仅以一句话带过。用"皆袭侯伯之职"和"累世名贤不乏袍笏相承"这样笼统的概括。当时负责修谱的叶藻认为,这么做的目的是为了"锦上添花"。在族谱中体现家族正统的中原精英文化背景,可以提高宗族的名誉和地位,培养宗族成员的认同感,同时也为宗族发展赢得更多的资源。福建的家族在编写族谱时常常将中原一些名人列入世系之中,又或是将入闽之前的家族历史大肆塑造。②族谱记录的终极起源一般都是皇帝或古代王朝的王族,是家族源自汉民族文化的正统性根据。父系世系的连续性同时也是人们与古代中华文明连续性的体现。对于开基祖之前的家族源流,往往经过对其他地区同姓家族的参照,或是编撰者自行尝试重构。③

在这次修谱后过了四十八年,范氏宗族再次计划续修族谱是缘于一次清明节的集体扫墓。族人为一世祖礼璋、二世祖义毓扫墓时起意,"因祭祖而思修谱"。决定修谱之后,他们接受了族内的一名林姓女婿的建议,与邻村的庠生胡梦麒约定好来年清明节在旱冈祖墓见面,趁着族人齐聚一堂的时候共商续修族谱的事宜。这一次,谱序中记载了对道光六年族谱的不满和经过修改的地方。胡梦麒在徐陈坪与范家老者经过讨论,决定将道光六年所载入族谱中的"黄帝至帝尧计五世"概行删去。他们认为族谱是家族世系阶序的重要体现,因此不可随意更改祖先所修之谱,而越矩编纂。"谱以纪其后,亦以稽其前,信如君言是以孙尔祖弃父存子断不可也。"因此重新校对前谱,对有所遗漏和错误之处进行改正。

《范氏族谱》比较明确的溯源记载是宋宝庆三年"日曜公第三子小三公迁居南洋今处州庆元县二都"。《小三公迁居记》中记载了他迁居选址南洋的缘由:

公讳侃,字志宣,行小三。日曜公第三子也。公前居政和县十三都

① 管阳《范氏族谱》,年代不详。
② 陈支平:《福建族谱》,福州:福建人民出版社,1996年,第113页。
③ [日]濑川昌久:《族谱:华南汉族的宗族·风水·移居》,上海:上海书店出版社,1999年,第17~21页。

范家山头。基址狭小,惟长派小一公仍居故里,余房各择所居。我祖志宣公遍寻近地俱无称意之所,不辞跋涉来至括苍。途遇一地理先生姓朱,中道憩息各问姓名。先生曰:"足下将何之?"答曰:"欲觅地迁基耳。"先生曰:"足下欲迁乎?此去不远是庆元二都,地名南洋。山环水聚,地广土肥,可为子孙久远计也。"遂依其指往观之。喜曰:"朱先生之言果不谬也。"于是筑室于兹,爰居爰处。时南宋宝庆三年丁亥岁也。①

为维护继承过程中的稳定性,我国自西周起便实行嫡长子继承制。当范氏家族在南宋时南迁定居后,由于政和县的范家山头"基址狭小",有限的资源不足以维持每一位家族后裔的生活。因此,才有了之后小三公"开基南洋垂裕后昆"的事件。当有限范围的资源不足以覆盖不断增长的人口时,向外的迁徙成为必然的结果。

连孝公是姚洋徐陈坪范氏宗族一世祖礼璋公的孙子,礼璋公在康熙年间搬迁至泰顺居住,他在儿子义毓十二岁的时候就已去世。后世族人在族谱中记载:

> 吾曾祖礼璋公娶谢氏孺人,生我祖义毓公,年甫十二而曾祖已逝(时康熙五十三年),随谢氏孺人归茂竹园母舅名卿家,娶祖妣王氏,生我父兄三人。于乾隆间又寄居章坑杨宅,预于姚洋创置屋宇业。②

失去了父亲的义毓公随着母亲搬到了舅父家寄居,到了成年之后又寄居于章坑杨宅,并开始计划在姚洋徐陈坪购置房产。"三世连孝,福房。生五子,分温、良、恭、俭、让。公与弟等初居泰邑章坑龙头底,后与三弟连信公分迁福鼎姚洋徐陈坪。"③这就是姚洋范氏宗族从家族分支逐渐转变为地方宗族的开端。

二、失序的担忧

冯尔康教授认为,续修族谱有三个原因,第一,是孝道的追求与对不孝舆论的恐惧。第二,是处理人际关系的需要,展示人们在家族中和他人的关系。第三,修谱与否是宗族盛衰的标志。有能力续修族谱展现了宗族凝聚

---

① 管阳《范氏族谱》,年代不详。
② 管阳《范氏族谱》,年代不详。
③ 管阳《范氏族谱》,年代不详。

力、组织能力和经济实力。修谱、续谱起到了团结整合族内成员的作用,聚合的宗族在地方社会上可以给予族人一定的保护和依靠。因此,经常性的修谱成为人们"宗亲睦族"的具体行为实践,同时也是一种记忆的载体。对亲子关系、世系关系的记录是对个体、家庭,以及远祖、宗族和村落的集体记忆。①

  根据管阳《范氏族谱》的序文记载,范氏宗族在明清两朝一共修谱六次。分别是明万历三十七年(1609年),清康熙二十八年(1689年),清康熙五十七年(1718年),清道光六年(1826年),清同治十三年(1874年),清光绪二十六年(1900年)。在续修的每一本《范氏族谱》序言中,都不断重复着自远祖到最近一次的迁徙,并详细描述世系脉络。康熙二十八年(1689年)的《本谱大岩重修前序》中记载中了范氏宗族对续修族谱的原因解释:

> 大岩范氏家乘本诸南洋,前经泰邑廷瑞先生创始于明万历三十七年(1609年),其世系渊源已自昭然。可考迄今八十一载,子姓蕃衍。增修之道,诚不可缺。中间由明迄清,事关两朝,况甲寅乙卯闽耿变乱,兵燹之余,修之尤为急急。兹其六世孙朝亮、朝科诸君以修谱一事属之于余,余以忝在至戚,义不容辞,爰为之录其遗文,续其支派,凡阅两月而谱告竣。②

动荡的生活环境,如战争、迁徙等社会因素都可能造成宗族内部凝聚力的涣散。这次的修谱在清代"三藩之乱"后,人们感到战争可能会影响宗族的正常运作,而距离此前的一次修谱已过了八十年,因此族人感到续修族谱的迫切性。

  康熙五十七年(1718年)的《本谱大岩重修前序》中记载:

> 自南宋元明,世居南洋,宣德之时益二公始迁黄公山,玉六公从黄公山开基大岩村头。今历九世,几及三百载矣。万历三十七年,四世祖文铭、文良、文佐、文佑、文志、文归诸公请泰邑吴廷瑞先生创立宗谱。国朝康熙二十八年,六世祖朝亮、朝科诸公,七世祖礼榜、礼琼诸公又请黄坛练凯臣先生重修。阅今三十载,范氏诸君复集,众相议曰:"吾家子

---

① 冯尔康:《宗族不断编修族谱的特点及其原因——以清朝人修谱为例》,《淮阴师范学院学报(社会科学版)》2009年第5期,第638~647页。
② 管阳《范氏族谱》,年代不详。

孙繁衍多未入谱,今若不修,恐后失序。用是延予至家,出旧谱,示予请为修理。"①

范氏距离上一次修谱已经过了三十年,他们担心的是随着族内子孙渐多,"今若不修,恐后失序"。

道光六年(1826年)的《本谱迁鼎泰后新作前序》也透露出了这种来自宗族内部对续修族谱的迫切感。"自祖迄孙凡历五世尚未有谱。前此乾隆年间,胞兄邦燮、胞伯连孝公亲赴大岩抄录族谱,今静等不能纂修,不但无以承先而启后,抑亦负伯兄之志也。"②上文提及的连孝公是第一代迁居徐陈坪的祖先。族谱上记载:"公与弟等初居泰邑章坑龙头底,后与三弟连信公分迁福鼎姚洋徐陈坪。"③虽然早在乾隆年间,已将大岩的族谱抄录回来,但是经过了五代的世系繁衍才开始编修族谱。族人认为,如果这件事不完成,将有失世系阶序,同时有愧于当初努力传续宗族世系的先人。

光绪二十六年(1900年)所续修的族谱,同样也提到了对"失序"的担忧:

鼎泰之谱则自叶藻先生创始于道光六年。胡梦麒先生增修于同治季年。光阴荏苒,日月如流,屈指一箩二十有七载矣。家君商于族曰:吾宗户爨渐增,子孙繁衍。今不重辑,将来世愈殊则先辈愈鲜。年日久则疑事日多,或生卒之日时无所稽考,或婚嫁之翁婿亦有遗忘。藉兹去世未遥,历年伊迩之际而修之,则万无一失,不亦善乎?众皆以为然。于是族叔祖尚阶,族叔振到、振挺,族兄宜廉等遂以谱事属之于书。④

各种完善的组织形态和功能并不是宗族存在的决定性因素,支撑宗族根本架构的是世系关系。"宗族得以生存、延续的基本条件,在于建立和维持一个'宗系'的形式(即系谱),认定和展现一个'宗亲'的范围。"⑤从上述摘录的谱序中可见,对家族和房的世代连续和阶序关系的梳理是《范氏族谱》存在的最主要原因。人们希望通过族谱,从而重建以往宗族的分化和迁移过程,这一点确立了"系"的意义。康熙五十七年(1718年)《本谱大岩重修前序》的谱序中写道:

---

① 管阳《范氏族谱》,年代不详。
② 管阳《范氏族谱》,年代不详。
③ 管阳《范氏族谱》,年代不详。
④ 管阳《范氏族谱》,年代不详。
⑤ 钱杭:《宗族建构过程中的血缘与世系》,《历史研究》2009年第4期,第50～67页。

今夫家谱之设所关最大,以一族之众,支派赖之而分亲疏,由之而辨尊祖敬宗之道,孰加于此。故周官小史有大宗、小宗之法以序昭穆,以统族属。后世家法不明,宋欧、苏二公立为世经人纪之法,以明伦序之纲。①

由此看出,每个人能够通过族谱明白自己与族内其他人的关系是修族谱的根本目的,宗族内的伦序绝不可乱。费孝通先生将中国社会格局定义为一个以"差序格局"为主导的社会,他将社会中最重要的亲属关系比喻成一张蜘蛛网,网上的中心点就是自己。而这个网"是由无数私人关系搭成的网络"。②

三、族产的意义

弗里德曼在著作《中国东南的宗族组织》中论述了族产和群体裂变的关系。他认为族产是宗族分支的必要条件。③ 而族产中最重要的祠堂,是举行共同祭祖活动的关键场所。只有人数和经济发展到一定程度之时,才得以支撑一个宗族。但弗里德曼也认为"不是所有的宗族都拥有共同财产,而且有些宗族拥有很少一部分"。但这些缺少共同财产的宗族不可能成长为地方力量,在人口增长速度超过族产的承受能力之后,利益的减少使人们向外移民。④

在《范氏族谱》卷之八中详细描述了搬迁至徐陈坪的福、禄、寿三房共有族产的类型、数量,以及具体的分布地点:

  一众屋基坐落福鼎十七都姚洋徐陈坪。上至分水,下至大路,左至张家墓,右至中墙,直上为界。

  一众山坐落姚洋岭兜土名洋坑底安着,上至分水,下至田,左至坑,右至大路为界。

  一祭田坐落姚洋葫瓶坵下安着,计种二斗。

---

① 管阳《范氏族谱》,年代不详。
② 费孝通:《乡土中国》,北京:北京大学出版社,2016年,第13页。
③ [英]莫里斯·弗里德曼著,刘晓春译,王铭铭校:《中国东南的宗族组织》,上海:上海人民出版社,2000年,第63页。
④ [英]莫里斯·弗里德曼著,刘晓春译,王铭铭校:《中国东南的宗族组织》,上海:上海人民出版社,2000年,第163页。

一祭田坐落姚洋土名夫人前安着,计种一斗。

一祭田坐落姚洋徐陈坪门首墙底安着,计一坵。

右祭田三号共和冬租二百觔实,福、禄、寿三房共管,祭扫轮流。

一宗祠坐落福鼎十七都姚洋徐陈坪洋尾左畔安着,坐巳向亥,加巽乾分金,光绪六年岁次庚辰玖月贰拾壹日卯时新建。①

族产的产生,是家户经济走向家族经济的标志。姚洋徐陈坪的范氏宗族在通过建祠、修谱、置祭田等一系列活动之后,改变了一个依附于大家族的旁支地位,成为一个独立于地方社会的家族。王铭铭认为,从联合家庭过渡为一个包含上百人的扩大式家庭(extended family),会产生两个方面的压力。一是大量的家庭人口在责任和义务,以及继承关系上需要有明确的定义。二是家庭的分化需要有经济和土地基础作为后盾。成立一个宗族式的家族(lineage),使家族内的各家庭都有明确的责任、义务和继承标准,同时又使分散的家族聚合起作为共同体的力量。但是,家族的成立需要有一定的土地和地域范围。②

从《范氏族谱》的记载中可知作为支持宗族礼仪活动的祭田需要全族各房都承担责任,采取共同管理的模式,而祠堂则是以"祭扫轮流"的形式维持其日常运作。"明中叶以后,由于代代提留祭田已成为一种普遍习俗,导致了族产的持续稳定发展。清代后期,福建有些地区的族田可能已接近或超过私人土地的规模。"③《范氏族谱》中收录的一篇《义田记》载录了范仲淹将私产变为公产,用以服务宗族的事迹。鼓励族内后人将私人利益与全族利益等同起来。④ 公田轮耕和产品再分配的机制,以及轮祭制度,其社会作用在于使家族内部达成一定的合作并使之整合。"与其说公田代表一种家族经济实体的存在,还不如说它代表一种地方性的民间社会合作意识的制度。"这种独特的民间经济类型"包容社区仪式为了创造家族认同而支出的

---

① 管阳《范氏族谱》,年代不详。

② 王铭铭:《社区的历程:溪村汉人家族的个案研究》,天津:天津人民出版社,1996年,第35页。

③ 郑振满:《明清福建家族组织与社会变迁》,长沙:湖南教育出版社,1992年,第258页。

④ 管阳《范氏族谱》,年代不详。

大量资源,又包容一个人的利益与经济合作的操演"。①

在所有族产中,宗祠作为宗族的核心象征,其建立有着里程碑性质的意义。《范氏族谱》中记录了第一位在徐陈坪建祠堂、置祠产的族人:

> 尚阶公字守升,邦汉公子也。幼而失怙,终鲜兄弟。受贞母之训,克勤于农,克俭于家。是以积小致巨,肯构肯堂。而且遇事果敢,总理众项,聚少成多。建造宗祠,创置祠产,以身先之兼之。尚参、尚琴二公暨书之家君,亦相与辅佐经营,以成其美。厥后令房侄振挺、堂孙宜廉等又相继兴作,以终其志。使先灵得所,后世有归,皆公倡率之功,而辅佐与付托得人之力也。语云遵古礼宗庙为先,公其庶乎知所先务矣。平生语言侃侃,不以声色假人。福鼎儒学赠以匾额曰:'易直可风',盖信乎其易直也。②

作为迁居姚洋徐陈坪的第二代,尚阶公能够兴建祠堂、购置族产,对宗族而言是一件足以感到自豪并需要特别记录的事。科大卫认为,明清时期的宗族之所以成为维系社会和推进经济的制度,需要与礼仪的运作联系起来,了解礼仪在同一时期的发展。地方上的大族,不只是通过修族谱和控祖产,更需要繁复而隆重的家族礼仪来维系。③ 自古以来,中国的祭祀礼仪都作为重要的国家制度,有着极为严格的规范。南宋时期,朱熹、吕祖谦等人对传统礼仪的改革中,与日常生活紧密关切的家庭礼仪是其中的重要内容。朱熹认为"古之庙制不见于经,且今士庶人之贱亦有所不得为者"。因此,他将原本的"庙"改称为"祠堂",相关制度"则多用俗礼"。④ 祠堂作为祭祀祖先的场所,在明清时期已成为家族制度的重要组成部分。"族产(全族或分支的祠堂、祭田等)等经济要素、绅衿等政治统合因素在宗族组织化和推进宗族活动方面发挥着重要作用。"⑤通过一次次的祭祖仪式和族内相关的活动,增强了族人同宗同源的意识,从而使家族内部的关系更加紧密。

---

① 王铭铭:《社区的历程:溪村汉人家族的个案研究》,天津:天津人民出版社,1996年,第80～81页。
② 管阳《范氏族谱》,年代不详。
③ 科大卫:《祠堂与家庙——从宋末到明中叶宗族礼仪的演变》,《历史人类学学刊》第1卷第2期,2003年,第1～20页。
④ (宋)朱熹:《家礼》卷一,《祠堂》。
⑤ 阮云星:《宗族风土的地域与心性:今世福建义序黄氏的历史人类学考察》,《中国社会历史评论》第9卷,2008年,第1～33页。

四、结　　语

作为血缘与地缘关系组织的宗族发挥着一定的功能性作用，通过参与宗族活动，从而强化了父系观念，并使宗亲的概念清晰化。明清时期一个家族要在他们所生活的地区立足，往往通过修建祠堂、编修族谱、置办祖产等系列活动来展示力量。族谱与修建祠堂、举行祖先崇拜的仪式等行为一同强化了集团内部的认同感，在族群认同中起着重要的作用。在《范氏族谱》中通过对家族迁徙、修祠堂、修族谱、设立祭田等具体的一系列宗族制度的描述，勾勒出了一个作为大家族分支的徐陈坪范氏如何建构自身世系脉络的具体情境。通过文本，我们看到了范氏宗族在新的家园里逐步融入地方社会的过程。

冯尔康认为宗族制度是一种"家族政治"。朝廷通过宗族组织宣扬儒家纲常和政令。在清朝，各宗族祭拜祖先时要宣读康熙皇帝的《圣谕十六条》、雍正皇帝的《圣谕广训》，对族人进行教化。朝廷也鼓励多世同居的宗族，往往对其大力表彰，以免除其徭役，亲赐匾额等方式鼓励宗族制度的维系。达到所谓"移孝作忠"的作用，从而"以孝治天下"。将对祖先的孝顺与对朝廷的忠诚联系在一起，利用宗族内的血亲关系减缓社会矛盾，帮助维系政权稳定。① 绅权与皇权相联结的"家—国"伦理关系的确立，其支撑点是绅权依附于皇权的利益共享机制。

"家—国"观念的形成可以追溯至西周的宗法制与分封制。王国维在《殷周制度论》中写道："周人制度之大异于商者，一曰立嫡之制，由是而生宗法及丧服之制，并由是而有封建子弟之制、君天子臣诸侯之制；二曰庙数之制；三曰同姓不婚之制。此数者，皆周之所以纲纪天下。其旨则在纳上下于道德，而合天子、诸侯、卿、大夫、士、庶民以成一道德之团体。"②

明初，中国社会的结构变迁是宗族体制在民间大力发展的重要原因。其中包含三个变化，即宗法伦理的庶民化、基层社会的自治化和财产关系的

---

① 冯尔康:《宗族制度对中国历史的影响——兼论宗族制与谱牒学之关系》,《谱写学研究》第 1 辑,北京:书目文献出版社,1989 年,第 19～36 页。
② 清华大学国学研究院主编,方麟选编:《王国维文存》,南京:江苏人民出版社,2014 年,第 375 页。

共有化。国家对基层社会的控制,从直接向间接转化。宋明以前的国家形态是中央集权制度,明代以后,国家势力逐步与乡族势力结合,对基层社会实行管制与影响。族产从私人所有制转化为家族公有制。公有财产的累积,使家族组织的经济功能日益增强,从而又推进了家族制度的广泛发展。①

宗法制度是将国家和地方社会联系在一起的一种媒介,通过宗族对其实践,从而规训人们的日常生活,产生一系列的行为标准。日本学者井上彻提出了"宗族形成运动"的概念。指出雍正皇帝公认宗族的《圣谕广训》(1724年)和乾隆皇帝时期制定的祭产、义田、宗祠保护条例(1765年)是清代宗族发展的重要政治背景。以儒教为代表的精英文化和当时的政治结构决定了宗族的存在意义,并使之成为王朝统治和德治文化的基础。②

---

① 郑振满:《明清福建家族组织与社会变迁》,北京:中国人民大学出版社,2009年,第235～244页。
② 阮云星:《宗族风土的地域与心性:今世福建义序黄氏的历史人类学考察》,《中国社会历史评论》第9卷,2008年,第1～33页。

桐山《高氏宗谱》与地域社会史的创造

段云兰

族谱的学术研究价值,远不止作为人物、宗族、村落历史的辅助性材料,也不仅是田野资料的旁证。正如著名日本汉学家濑川昌久所发现的,这些族谱描述了人物历史的深度,并由此而反映出各方面真实的社会意义和文化意义。① 濑川通过解读文本深层的意义结构,将族谱作为一种历史资料加以整体性研究,呈现了汉族社会史的新面向。桐山《高氏宗谱》就是一部珍贵的民间史料,它的突出特点有二:一是家族谱系完备,保存有从宋代始的源流序文;二是收录了族人留下的纪传、艺文(包括记、考、书、状文、名人诗章、本宗诗章、楹匾联文)等。诚然,鉴于谱学的家族性和私密性,这些文本的真实性需要谨慎辨析,但事实上,在地方历史文献稀缺的清代,这些文字成为嘉庆版《福鼎县志》编撰的一个重要史料参考。也正因此,高氏家族谱牒为福鼎地区历史文化的记录和传承发挥了极为重要的作用。本文以桐山《高氏宗谱》为线索,结合田野调查中的口传资料和观察所获,分析谱牒所记录的家族移居如何与地域社会的形成和发展产生密切联系,以及谱牒如何成为创造地方社会史的源头。

一、唐宋南迁:移居历史

福鼎桐山,为福鼎县治所在地,高姓是这里世居的四大家族之一。据说,桐山高氏是最早迁徙至此定居的家族,桐山《高氏宗谱》的相关记载,成为这一说法的主要证据。该谱的《宋七世祖容齐公述本宗源流序》一文,翔

---

① 参见濑川昌久著,钱杭译:《族谱:华南汉族的宗族·风水·移居》,上海:上海书店出版社,1999年,第10页。

实叙述了高家的源流:

> 我桐山高氏,肇自齐之太公,姓兼姜吕,以功绩羽翼周室,锡土封齐。八世孙,曰文公赤,赤生三子,曰成公、脱公、子高公……仁生瑞,三国时仕吴为丹阳太守,初居广陵,吾广陵郡望自此始也。瑞生二子,长澄,字一清,次懋,字则大……申生龚,一名忠,字本直,僖宗乾符间,因黄巢之乱,爰自长乐挈家迁于怀安石岊之常山,节度王审知辟公为郡佐……丕生鲁宾,仕平阳宰,鲁宾生二子,曰十四,析居日溪;曰十五,回居石岊祖址。仲少傅公次子也,行三,生一子曰邵,又名为同行八,自石岊徙长溪西乡仕洋,生子四人,禧、祥、祉、祚,俱家柳田。祚之子曰芹,字子云,徙福安廉首。叔少傅公之三子也,行四,生一子曰郑,行七,宋太祖乾德二年甲子,爰自石岊迁于长溪之桐山,是为桐山肇基之祖也。季少傅公之四子也,行五,入释氏门,开于祥云寺。郑公生一子曰祺,行三,生二子,曰士由,曰京。京迁建州渔溪。祺公以暮年访柳田,宗族因而终焉,就葬柳田前□。自桐山始祖郑公而至云,又七世矣。呜呼!吾广陵高氏隐显之大略,徙迁之次第,有若是夫,良由祖宗创业之宏仁,居安资深之懿德而致然也。……
>
> 宋乾道八年壬辰冬十月甲子艮旦
>
> 七世孙前太学士朝散郎兼皇孙平阳王府教授高昙子云百拜谨序①

中国的家谱编撰注重记录开基始祖的功德,且姓氏溯源往往追附上古社会及汉唐时期的贵胄名臣。据此文介绍,桐山高氏追溯姜太公为始祖,尊齐文公为一世祖,三世祖高傒得姓,为齐之贵族。三国时,瑞公举家迁居扬州,为广陵郡肇郡始祖。唐天宝九年(750年),高璠授长乐刺史,为广陵高氏入闽始祖。入闽以后,亦经历了多次迁徙。唐僖宗乾符元年(874年),龚公自长乐举家迁居石岊。传至六十世,于宋乾德二年(964年),郑公自石岊迁长溪之桐山。明清时期,由于战乱频繁,高氏族人还多次徙居他处避难。目前该族谱中收录最早的这份源流序,为桐山七世祖高昙(字子云)所撰写,时间在宋乾道八年,即公元1172年。这距离高郑始迁桐山的宋乾德二年(964年),已有208年之久。《宋宝祐癸丑重修谱序》一文说,有广陵旧谱的存在,子云公所整理的源流序似乎有据可依,但总体而言,在此之前的谱系,

---

① 桐山《高氏宗谱》,道光庚寅年修。

可以说是一种追溯性的重构行为。开基祖定居桐山以后的部分，虽然也可能是重构的，但其依据来源要广泛得多，这往往成为学者讨论的重点。

陈支平曾指出，为了提高家族荣誉，福建民间各家的族谱都很重视对入闽始祖的记述，其主要呈现两个特点，一是大部分姓氏的始祖都是官宦人家，二是先祖都是子孙满堂，①桐山高家的族谱也不例外。由此源流序来看，从唐以前至宋代，高氏家族从中原移居至福建各地。这些入闽以前的迁徙记录，是否具有可靠的真实性，已无法考证。至于其迁徙的原因，族谱中亦有所记录。瑞公与璠公皆因任官职而迁入，高氏宗祠内瑞公像有文字作如下解释："古齐国治所浮阳，古称渤海，故我高氏发祥地为渤海郡。后姜氏齐国的政权为田氏所篡夺，齐贵族外逃，故派生出渔阳（京兆）郡（即今北京密云西南），辽东郡（治所襄平，即今辽宁辽阳市），河南郡（治所雒阳，即今洛阳市东北）。三国时，瑞公仕吴为丹阳太守，举家迁居扬州，为广陵郡肇郡始祖。"关于高璠入闽则是"唐玄宗天宝九年（750年），授长乐太守，居长乐"。而自长乐以后高家的迁徙，则均与躲避战乱、求得新的生存空间有关。

如唐代后期龚公的迁徙，据桐山《高氏宗谱》记载，龚公，又名忠，字本直，生子四：伯、仲、叔、季。传至龚公时，自齐太公始已是第五十八世孙。唐僖宗乾符元年（874年），各地兵乱丛生，其中王仙芝和黄巢势力最大。后来，黄巢率部南下进攻浙东，开山路700里突入福建，攻克广州，复而又回师北上，克潭州，下江陵，直进中原。为避黄巢之乱，龚公自长乐举家迁居石岊。② 于是，龚公被奉为今闽东及桐山广陵高氏宗祠的始祖之一。

再如，郯公自石岊迁居桐山的契机是开拓茶叶种植。在唐代，茶叶种植形成了集市贸易，至宋时，逐步诞生了一些家族式茶叶生产商。据高世武介绍，为了拓展更大的发展空间，寻找合适的生居环境，高氏龚公派下家族自长乐石岊一路艰辛北迁，至福安仕洋转柳田，分踞廉首、荷岐、下白石等处。其中的郯公（字致显），徙居桐山时，看中了这里的自然环境，在此开辟荒地，发展茶叶种植。③ 经过历代人的精心经营，高家在此定居繁衍，发展壮大。"西园高家"名称的来历，有一种传说也与茶叶种植的历史相关。据高世武

---

① 参见陈支平：《福建族谱》，福州：福建人民出版社，2009年，第93页。
② 据《福州地名志》记载，宋代福州范围内设置闽县、侯官和怀安三个县邑，淮安古村原称"石岊"，位于福州南台岛最北端。
③ 高世武：《兴茶立业，郯公拓基》，民间文稿。

介绍,高家的祖业以茶园和旱烟为基础,在明初,高家族人大部分的茶园山地、旱烟梯田集中在西面,白天面向东方,光照充足,有利于农作物的生长。经过几代人的集中开垦,慢慢形成大片规模。高家族人常年于此劳作,每逢亲友到访,近邻热情带路田间,或直接手指西面山坡说:到西园去找!因此,口耳相传间,"西园"就成了地名。①

历代高氏祖先以茶兴业,耕读传家,成就了西园高氏这一桐山望族。如今高家仍延续着茶叶种植业,"西园高氏家茶"成为福鼎白茶的品牌之一。与此同时,"西园"的来历还有另一种传说,与桐山高家因逃避战乱,曾迁居于浙江温州一处名为"西园"的地方有关。据高世武讲述,南宋时期(1127—1279年),因地方寇乱,各地举兵镇压,战事不断。桐山又遭遇地震,家族中有人先后迁徙寿宁、柘荣等地。明代正德年间(1506—1521年),宦官当权,战事频生,流寇生端,横行乡野。闽东一带经倭寇长期掠夺烧杀,百姓苦不堪言。迫于生计,高家族人经多次商讨,决定舍家而走,或投奔浙江温州、瑞安玉苍等地的姻亲,或进入才山(太姥山)腹地避难,或远徙闽地的尤溪、周宁等处。其中人数最多的一批难民,落脚于温州城郊的西园。通过艰苦垦荒,高家族人重新积累家业。后来世道稍安,陆续分批回归桐山原籍,并重修家谱,凝聚家族。为了纪念先祖的移居史,高家族人将聚居地命名"西园"。

由此可见,在家谱的源流序中,据传高氏家族从中原迁至福建境内定居。入闽以后,因上任官职、躲避战乱、开拓新的家业等需要,反复经历了几次移居,才得以安定于桐山。而从公元964年至今的一千多年内,桐山高氏因为战乱、经商等各种原因,逐渐向外移居,福鼎成为主要的族人聚居地。他们依靠茶叶种植,发展耕读传家的传统,逐渐成为当地望族,尤其在宋明时代为地方社会的形成和发展发挥了巨大作用。

二、宋明时期:家族与名人叙事

在族谱的编撰过程中,为了促进家族的凝聚,文人们总是选择性地记录一些内容,而故意忘却另一些内容,此即所谓"选择性记忆"。陈支平在《福

---

① 高世武:《高氏"西园"名称的出始初探》,民间文稿。

建族谱》中还谈到福建各家族在修撰族谱时,不同程度上存在装饰自身的形象,达到增加家门的辉煌和政治声誉的目的。其中,最有效的方式为借助外姓有政治地位和经文成就的人物来为族谱增光。具体而言,即在家谱中增加名人为本家族写的序文、赞词等。①《高氏宗谱》也具有类似的状况。但阅读该谱发现,谱中所附录的"艺文"中有关朱熹、游朴等名人相关的诗文,应是历史真实性的反映。

前文已述,族谱记载桐山高氏开基始祖郯公于宋乾德二年(公元964年)迁入,此后的几百年间,高家依靠茶叶种植而发展壮大,以耕读传家而闻名。从族谱来看,宋代可以说是高家家族最为辉煌的时代,族谱记录了族人中先后有十位进士及第,这成为历代高家人激励后辈的楷模。对于这十位进士,在高家祠堂中有特别展示,兹统计如表2-1。

表2-1 桐山高家宋代十进士统计表

世系（桐山）	名（字）	中进士年号	仕宦情况
五世祖	崇公（字俊卿）	宋元丰八年乙丑（1085年）	淮安都转运使
六世祖	景明公（字孔熹）	不详	政和四年(1114年)任青田县尉
	景德公（字新民）	宋重和元年戊戌（1118年）	授高安县令改武昌令
七世祖	昱公（字子云）	宋绍兴三十年庚辰（1160年）	授太学博士著作郎,兼皇孙平阳王府教授
八世祖	融公（字光仲）	宋乾道五年己丑（1169年）	授衢州司户参军,官至宝谟阁学士

---

① 参见陈支平:《福建族谱》,福州:福建人民出版社,2009年,第71页。

续表

世系（桐山）	名（字）	中进士年号	仕宦情况
九世祖	龄公（字德一）	宋淳熙十四年丁未（1187年）	授永州金判，后迁北平行省参知政事
	松公（字国楹）	宋绍熙元年庚戌（1190年）	朱文公得意门生，辞官不就，任台州教授
	迁公（字景善）	宋嘉定十六年癸未（1223年）	初任开封提举司，改侍御史调柱阳参军，山西宣慰使
	篯公（字居仁）	宋绍定二年己丑（1229年）	官至两制盐运金同
	嘉公（字舜夫）	宋宝庆丙戌（1266年）	赴京听选时暴卒于途

陈支平在研究福建《黄氏世谱》时发现一个有趣的现象，即该家族在宋代为官者特别多，而到了明清以来，中进士者已是凤毛麟角，且官职也不如宋代显赫。① 在高家的族谱中，亦可发现同样的问题，据上表可见，自桐山五世祖至九世祖，每一世代均出现至少一位进士，在180多年间，总共培养了十名进士。除此"十进士"之外，明清两代的官宦名人，则明显减少。在高家祠堂的展示中，仅有"和鸣公，清康熙武举人；崇公，冠戴耆宾；龙光公，恩科举人"等记载，族谱中再也未出现过进士祖先的记录。为何宋代各家族发展旺盛，而到了明清时代家族人文衰落得如此明显？陈支平核对了《黄氏族谱》中记录的进士、官宦后发现，许多家族祖先的功名为族谱编撰者虚构和创造的。杨际平在解释这一现象时认为，这是因为到了明清时期，各种文献比较齐备，进士或官宦多有案可查，而明清以前缺漏太多，撰谱者深知这一

① 参见陈支平：《福建族谱》，福州：福建人民出版社，2009年，第109页。

点,故而为家史的模糊处理创造了各类空间。①

实际上,高家"十进士"中也确实存在不少文化名人,最著名的为高融、高松父子。家谱除了记录其本身的事迹,还因为他们与名人朱熹的关系,从而在艺文等处保存了不少相关的诗篇、文章。这也从另一方面为地方历史的撰写提供了珍贵的资料。

理学家朱熹与高家的关系,主要表现在陈傅良②与高融、朱熹与高松的情谊上。《高氏宗谱》记录,高融(1127—1195),桐山八世祖,宋乾道五年己丑(1169年)郑侨榜进士,为高松父亲,与陈傅良结交甚深。关于高融的传记,该谱中有详细介绍:

> 公国楒公之父也,年十四入郡庠,登孝宗乾道五年乙丑郑侨榜进士。初擢岳州平江县尉,淳熙庚子升文林郎博罗令,调同安尉,寻加朝议大夫,琼州别驾,时年六十有一矣。绍熙庚戌光宗即位,诏入侍内院兼管宝谟阁。公正直不回,甚称上意,尝与僚友携觞俎游钱塘,见水色天光,一碧万顷,旁有渔者坐矶而钓,公曰:"士生世间不以忠孝立名,惟水石而事,可乎?"渔者曰:"大丈夫乃天地间风月一囊耳,虽荣于累茵列鼎,如此潇洒何?"公悟其意,乞致仕回籍。尝择泉石之胜,作无余小寄三四所,以娱再来。当路荐公授衡州司户参军,不赴,逐携仆远游于天台、雁荡、浦阳、郯溪诸处,经年不返。家人访求于北之净光山始得之,乃共与归焉。陈止斋称其恬然退藏不滞于物,当义之急常与人同。自衣食至室庐,无或过于人;自家庭至乡党之好,无或不及于人。卒年六十有七,及葬,陈止斋铭其墓。③

陈止斋即陈傅良,其为高融撰写墓志铭,说明陈傅良与高融关系之密切。高融因不为当朝权势折服,仕途坎坷不顺,于淳熙十五年(1188年),罢归田园,筑"无余堂"以自娱,寄情山水之间。桐山《高氏宗谱》亦收录了高融之子高松为高融所撰《无余堂记》一文:

> 父晚岁作堂不名。傍山曲幽密,隘甚,山林水泉之趣,泛溢充廓。

---

① 参见杨际平:《从〈颍川陈氏开漳族谱〉看陈元光籍贯、家世,兼谈如何使用族谱资料》,《福建史志》1995年第1期。

② 陈傅良,南宋温州瑞安(今属浙江)人,号止斋,学者称止斋先生。创立止斋学派。以义理为本,文章制度为用,本《周礼》以考王道之经制,缘《诗》《书》以求文武之行事,遂确立其功利之学思想。又在瑞安林家应聘授徒,"一州文士毕集",因形成止斋学派。

③ 转引自高世武据旧家谱整理的《讳融公传记》(2017年10月20日)。

堂隅,不隘于心,所过从无迂腐辈。嗜读心性书,不为物夺。小子学之未能。时至堂问视,不语小子时事,且不语小子何以学,但曰:"吾无余,无以语小子。"领之,久而名此堂曰"无余",即父志也。松记。①

高融满腹经纶,不得重用,但其与陈傅良的深厚交情,使其长子高松有机会求学于两位理学大师,奠定了坚实的教育基础。

高松,后人多称为国楹公,桐山《高氏宗谱》及《福鼎县志》中收录有其师陈傅良《送高国楹从朱子》(《高氏宗谱》题为《送桐山高国楹从学朱晦翁》)一诗曰:

洛学今无恙,东南属此翁。从游虽已晚,趋向竟谁同。

一第收良易,遗经语未终。归期定何日?我欲叩新功。②

朱熹自号晦翁,洛学是以程颢、程颐兄弟为首的学派,而陈傅良的止斋学派继承并发展了薛季宣的事功之学,成为与朱学、陆学相鼎立的一大学派。面对弟子高国楹即将求学于跟自己学说有对立的朱熹,陈傅良心情复杂。从"东南属此翁"一句,可见他对朱熹的评价是很高的。

此外,桐山《高氏宗谱》及《福鼎县志》均可见朱子《答高国楹》书一篇:

所谕不能处事,乃学者之通病。然欲别求方法,力与之竞,转成纷扰,而卒无可胜之理。不若虚心读书观礼,收拾念虑,使之专一长,久则自然精明,而此病可除矣。但读书亦有次第,且取其切于身心者读之。若经理世务,商略古今,窃恐今日力量未易遽及,且少缓之,亦未为失也。③

此文为朱熹回答高国楹求学疑问留下的珍贵文书。文中朱熹明确地指引高松,不应受止斋学派的经世致用之功利学说的影响,要收拾浮世杂念,潜心观礼读书,修心明理。这体现了高松在学术信仰上的一种转变。

庆元党禁期间,朱熹曾到长溪居住于潋城杨家,并在此讲学。高松亦前往接洽,桐山《高氏宗谱》之《高国楹传》云:

宋庆元间,朝禁伪学,朱元晦避禁至潋溪村(按即福鼎潋城村)主杨

---

① 桐山《高氏宗谱》卷十二,《艺文》,宣统辛亥年修。
② 福鼎市地方志编纂委员会编:《福鼎旧志集》,福州:福建人民出版社,2013年,第220页。
③ 福鼎市地方志编纂委员会编:《福鼎旧志集》,福州:福建人民出版社,2013年,第210页;桐山《高氏宗谱》卷十二,《艺文》,宣统辛亥年修。

通老家,公(指高国楹)负笈从之游。后元晦游永嘉,取道桐山,公留元晦数日,邀同登览双髻山,讲学于龟峰一览轩。①

高松先后获得两位大师的精心栽培,也高中进士,成为一代名儒。《福鼎县志》之宋朝《名儒》篇有载:

> 高松,字国楹,桐山人。少游陈止斋门,又从朱文公学。颖悟过人,笃志励行。登绍熙庚戌进士,授台州教授。诸生更进迭问,疑难交发,满意而后退,士人悦服。既卒,叶水心铭其墓。祀乡贤祠。②

师从朱子以后,高松便弘扬朱子理学,成为当地有名的理学名士。在其逝世后,后人敬仰其学问,祀其位于文公祠。家谱中收录了其后世子孙请祀高松于乡贤祠的一篇文字:

请九世祖国楹公崇祀福鼎乡贤祠

> 窃惟学校乃教忠教孝之地……在昔乡评之推重民到于今,生等九世祖(讳)松者,名掇绍熙进士,官居台郡,广文赋,性刚方,持躬正直。少从陈君举,彝伦即切于君亲;长事朱紫阳,经术尤精于道德。宁静淡泊久矣,忠武胸襟;事业文章卓然,苏湖心法。阳春有脚,随时观草爱莲;大块无私,触处吟风弄月。是以宴琼林而名题淡墨,旋而拥皋比而铎振天台。继儒术之渊源,作士林之模楷,斥讲章而忽开声聩,阐性理而若决江河。教垂天姥峰头,言言粟帛;泽普玉京洞口,处处菁莪。本教家以教国,实作师而作人。挹绛帐之春风,无棠不荫;沐青毡之化雨,有口皆碑……
>
> 二十二世祖讳于顶(拓修撰)③

文章描述了高国楹性格刚洁,为人正直,道德高尚,淡泊明志,胸襟忠武,事业卓著,文章贤达,善苏湖教育法。并评价他为士林之楷模,是当时的名儒大家,有口皆碑。在圆觉寺一楼大厅门柱上仍遗留有歌颂高国楹功德的门联。虽然上文在文辞上有极其浮夸之风格,但高松祀乡贤祠之说与县志相吻合,也可见后人把高国楹视为本族的荣耀而加以敬仰。

---

① 福建省福鼎县政协文史工作组编:《福鼎文史资料》第3辑,1984年10月,第12页。
② 福鼎市地方志编纂委员会编:《福鼎旧志集》,福州:福建人民出版社,2013年,第252页。
③ 桐山《高氏宗谱》卷十二,《艺文》,宣统辛亥年修,第18页。

到了明代,家谱中出现了与闽东名人游朴相关的叙述。游朴是明朝著名官僚,累任湖广布政司参政,其故乡有为纪念他廉洁爱民的"德政坊"①,颂扬其一生为人"智、仁、勇"和为官"清、勤、慎"的高尚品德。游朴在考取秀才之前,因父亲、祖母相继去世,其家庭经济转而拮据,便在私塾边教书边自学,于隆庆元年(1567年)得中举人,万历二年(1574年)进士及第。

游朴年少时曾在高家圆觉寺所办私塾求学。高家族谱记载,明代的汝德公在家中首设私塾,分外塾、内塾。外塾练武,内塾习文。随着人数增加,经举族共议,移到圆觉寺进行族办学堂,广纳子弟就读,其中就包括游朴。高家族谱中高龙光撰《重建圆觉寺记》一文言:"前明游太初参政曾读书于此,佛壁上向有题墨,余犹见之,今无存。其所为诗,犹载在邑乘。"又有高殿策《圆觉寺旧祠感赋》云:

  暮鼓晨钟逸韵长,到门旧德勿能忘。
  诗留墨迹思参政,风送荷香遍佛堂。
  时届中元焚纸帛(例年兰盆荐祖俱在此寺),孙延百代奉烝尝。
  登楼纵目龟峰上,犹想先人讲学场。②

而在桐山《高氏宗谱》之《艺文》卷与《福鼎县志》中都收录有明朝游朴题的《题圆觉寺》一诗:

  圆宫性所爱,临眺不妨迟。
  流水无春夏,岩泉自岁时。
  山人谈梦幻,渔夫识推移。
  预订他年约,归来共钓丝。③

谱文中记载了游朴的官衔"参政大夫"。据高家族人传说,当年游朴在圆觉寺求学时,曾在墙上题诗。若当时所题是这首,显然其落款是族谱编撰者后来加上去的,因为当年游朴在此求学时并没有任官。无论如何,诗文中也说明了游朴年少时在圆觉寺度过了很长一段岁月,为此民间还流传着一个游朴艰苦求学的故事:

  游朴在考上秀才之前,他的父亲、祖母相继去世,家庭经济陷入困境,为

---

① 潘峻松:《德政坊:明代廉吏游朴的纪念》,宁德网,2011年10月13日。
② 桐山《高氏宗谱》卷十二,《艺文》,宣统辛亥年修,第39页。
③ 福鼎市地方志编纂委员会编:《福鼎旧志集》,福州:福建人民出版社,2013年,第221页。

了求学奋进,他便来到桐山,投靠高家舅舅(一说表妹),并在圆觉寺寄读。因没钱买菜,他就用木头削了个木鸡腿,吃饭时用木鸡腿沾卤汤吸着配饭。有一天他师母家的一只下蛋的老母鸡找不到了,有人说,肯定是游朴偷的,不然他家没养鸡怎么会天天吃饭都配鸡腿呢?这让游朴深感冤屈,于是又有了《游朴吃木鸡腿》的后续故事:

  关帝庙位于桐山(今福鼎城关),有一次游朴和几位同村人投宿在关帝庙,为了洗清他"偷鸡"的冤屈,他当着村里人在关帝爷塑像前洗冤发誓说:"我如果有偷我师母家的鸡吃,今天我走出关帝庙定会七窍流血!"结果,就在他跨出关帝庙的高门槛时,后脚拌到门槛上,真的就脸孔朝地摔了一跤,现场人指着流着鼻血的游朴笑他说:"这关帝爷真灵验,你还有什么话说?"满腔愤懑的游朴站起来指着关帝庙说:"等我有出头的日子,我一定要把你这关帝庙迁出桐城!"后来游朴果然出仕为官,奉旨巡行浙江,桐城人听说游朴是钦差大臣,要回来了,就自发将关帝庙迁出了桐城。①

  还有一种说法认为,游朴的夫人为西园高家女子,这是高世武的一个观点。除了民间传说,高世武还找到了双方族谱中的证据,他说:"柘荣游氏宗谱记录,诰命恭人高氏:祖婆高氏讳玉润,桐山西门高氏,高氏十九世祖一川公次女"。因知州对游朴品德才华大为赏识,亲自替其择选大家闺秀高氏相配。高世武进一步调查认为游朴夫人高氏乃前岐薛家山人氏,属西园高族元房义房派下。据说高家谱谍世系中有载:"十九世任公,字良卿,号一川,行礼四,生弘治庚申年八月初三戌时,卒万历七年乙卯九月十三戌时,享寿八十。……生男二、女三,长适十八都玉石王元嵩,次适卅一都柏溪诰赠中宪大夫游公讳德之子湖广副参政朴。"从上述高、游两族族谱记载内容来看,这一说法是可信的。如此也为高氏家谱中保存有游朴的相关文字提供了合理性。

  总体而言,桐山《高氏宗谱》中关于宋明两代的相关文献记录中,保存了关于朱熹、游朴等名人与家族相关的事迹。谱中收录的与朱熹、游朴相关的诗文,不仅是家族的荣誉,使得家族祖先与上述名人一起成为家族史的一个重要组成部分,也为考证太姥山地区的世家大族与宋明士人文化网络之间的关系保存了珍贵的地方史资料。

---

① 高世武:《游朴传说·关帝庙发誓》,民间文稿。

三、明清时期:地域社会的建设与功德记录

明末东南沿海一带,在经历寇乱袭扰之后,村落满目疮痍,民不聊生。这种地方社会动乱与重建情况在高家族谱中有较为细致的记载。作为当地望族的高氏,积极参与地方社会事务中,在家园的建设和守护中发挥了极为重要的作用。该谱记录了其中最突出的几件大事,包括扩建圆觉寺,修建"桐山土堡",以及修缮昭明寺塔、水北溪桥、栖林寺、安泰亭、元弼殿等。

关于圆觉寺,最早的官方记录为《(万历)福宁州志》载云:"圆觉寺在十七都"①,可见明万历年间(1573—1620年)圆觉寺已存在。《(嘉庆)福鼎县志》曰:"圆觉寺,在治西郊外,旧名罗汉寺,明永乐二年建。"②照此说法,圆觉寺可能建于公元1404年。桐山的圆觉寺,后来俗称"高家圆觉寺",这与历代高家人对该寺的扩建、修缮与供养是分不开的。有关高家与圆觉寺的关系,桐山《高氏宗谱》中保留有较多的记录,其中以清代高维文《圆觉寺记》和高龙光《重建圆觉寺记》两篇纪文较为详尽。《圆觉寺记》内容如下:

> 圆觉寺者,吾祖尉公所建,盖因其旧址而重拓之者也。其初不知始于何代,故老相传,旧名罗汉寺。寺后花砌间有小石碑,题曰"开山虎严和尚",而不载年月。囊岁辛卯,有掘地于西门之西山下,王成公之故居也,得小石碑,有"虎严开山"四字,亦不载年月,而折其半不存矣。则知虎严公于此地,多有所创作。后之思之者,故多树碑。迨世远人湮,寺宇毁废,碑为土人携去,暴剥偃踣,因而沉埋又久,而后出亦其势也。正德十五年,吾祖捐资,令僧善识市易工材,拓旧址而新之。门阊深靓,殿宇轩昂,法堂方丈,齐厨库庚具备。越嘉靖,部文变卖天下寺院,时玉溪翔公奉诸父命,以其名投呈于州。州遣二老人到寺丈量,计寺基二亩一分,官入其值,得价如千两米挂十七都一甲户,今黄册所载,嘉靖二十一年,奉督察院巡按福建御史九百六十五号堪合,买得久废圆觉寺一所者,可班班考也。其后椽瓦缺折,万历间僧怀连易而新之。又其后,栋楣朽蠹,四壁敞漏。崇祯间僧圆祯又易而新之,其费皆出于族人之公捐与其私助。初建寺时,吾祖舍田四石、园三石以供衣钵,米则洒之广陵

---

① (明)殷之辂:《(万历)福宁州志》卷之十五,明万历四十四年刻本。
② (清)谭抡《(嘉庆)福鼎县志》卷七,清嘉庆十一年刊本。

元、亨、利、贞四房代为输官，分毫不以累僧。其后，僧某等又增置田若干石，园若干石，所入固不甚饶。而僧徒数辈供养亦颇无缺。夫寺虽有常所，而更历岁年，创修不一；田园固有定额，而段落星散……今日之记，寺之沿置为大，田次之，若祀先一事，则又世变所系，尤其大者。至于寺之形胜，昭明屏其后，溪水带其前，山花树鸟之点缀于四时，过客游人相与徘徊而不忍去，则所从来旧矣，览者亦自得之。……

顺治癸巳岁七月十八日，高维文记①

此文为清顺治年间所撰，另有咸丰年间重修该寺时高龙光所写《重建圆觉寺记》云：

溪西之有圆觉寺，既曰寺矣，而又称为高氏祠，斯二者紫澜公曾记之矣。公曰寺之初，不知始于何代，是寺非吾祖创也。吾祖特增其式廓耳。又曰，吾祖承家世中衰，崛起明兴之代，以堂构余力，建寺舍田以给僧徒。是寺也，犹未为祠也。祠之始，在嘉靖间，因倭奴告警，所至焚毁而独敬佛，不毁寺观。故先人因移祖宗栗主于寺楼，盖以避倭也。……国朝修造不一次，谱乘中虽有记载，而年岁不无互异。世远年湮，姑勿深究。第念前之人既有成规，我后人沿守奉承，勿敢失坠。迄今历有年所，堂寝房庑，不无朽坏。上雨旁风，当事虑焉。道光二十六年丙申春，管族务者任大亮欲谋改建而重新之，商于余，余曰宜。乃庀材鸠工，经始于是年夏六月。寺凡三进，正殿祀佛，后楼祀祖宗。楼之下为正厅，左右两大房为库房……越二载，工粗就，共费白金三千两有奇。呜呼，厥功伟矣！向非亮之才具大而主意善，其孰敢举之？节居中元，延僧荐祖，子孙咸在，礼仪既备，则紫澜公所谓合族少长，亦得岁一聚。……

时在咸丰乙卯桂月，世孙龙光记②

据上述两篇纪文可知，圆觉寺的起始年月已不可考，但高家先祖曾多次对其进行修建。在明朝有记录的重修共有正德十五年（1520年）、万历、崇祯年间的三次，清代亦有道光二十六年（1846年）等多次。正德十五年（1520年）这次是规模庞大的扩建工程，至此"门闼深靓，殿宇轩昂，法堂方丈"各类建筑齐备。到了明嘉靖年间，由于倭寇猖獗，朝廷财政吃紧，社会矛盾加深，士大夫主张对佛教寺院进行一定程度的遏制。"嘉靖六年（1527

---

① 桐山《高氏宗谱》卷十二《艺文》，宣统辛亥年修。
② 桐山《高氏宗谱》卷十二，《艺文》，宣统辛亥年修。

年),令尼僧、道姑发还原籍出嫁,其庵寺房屋土地尽数入官。六年(1527年)、十六年(1537年)题准,僧徒愿还俗者,听其自便。各处寺院宫殿任其颓坏,不许修葺"①,赵轶峰的论述印证了《圆觉寺记》中"越嘉靖,部文变卖天下寺院","买得久废圆觉寺一所者,可班班考也"的记录。此后圆觉寺椽瓦缺折,无人敢修葺。至明万历年间(1573—1620年),因太后喜佛教,寺院修建又进入繁荣时期,故高维文记"万历间僧怀莲易而新之"。其后又栋桷朽蠹四壁敞漏,明崇祯年间(1627—1644)"僧圆祯又易而新之,其费皆出于族人之公捐与其私助"②。

可以说,高氏家族对圆觉寺的兴盛长存起着举足轻重的作用。正如高维文所记"初建寺时,吾祖舍田四石、园三石以供衣钵,米则洒之广陵元、亨、利、贞四房代为输官,分毫不以累僧","吾祖……建寺舍田以给僧徒",高氏家族不但多次出资重修圆觉寺,还向寺庙捐赠田租以供僧徒生活。即使后期田产星散,屡遭剥夺,高家还立下族规,让未来的高氏子孙后代要持续供养圆觉寺。

根据《福鼎县志》记载,"圆觉晓钟"为桐山八景之一,③可见圆觉寺是传统时代福鼎的一个代表性地方景观符号。从桐山《高氏宗谱》的相关艺文记载中,我们还可以领略到圆觉寺胜景。高维文在《圆觉寺记》中描述道:"至于寺之形胜,昭明屏其后,溪水带其前,山花树鸟之点缀于四时,过客游人相与徘徊而不忍去"。高龙光《重建圆觉寺记》也记载该寺是"邑中一名胜区也",圆觉寺依山而建,门前溪水潺潺,寺内鸟语花香,树木葱郁,美景长存。从重修圆觉寺的建筑规格和景观园林的营造来看,高氏家族捐赠家财无数,持续性地供养寺庙,他们对佛教的信仰,对圆觉寺的重视,可见一斑。

高家为何出巨资持续修葺、供养圆觉寺?一方面,正如前述纪文所言,高家在倭寇入侵时将祖祠移居于此,实现了寺祠合一。另一方面,这也与家族本身对佛教的信仰分不开。高家除了供养圆觉寺,家谱中还记载了其家族于嘉靖甲午年(1534年)捐资维修当地另一处名胜昭明寺塔的情况。《昭明寺塔记》云:

---

① 赵轶峰:《明朝宗教政策合论》,《古代文明》2007年第2期,第69~70页。
② 桐山《高氏宗谱》卷十二,《艺文·圆觉寺记》,宣统辛亥年修。
③ 福鼎市地方志编纂委员会编:《福鼎旧志集》,福州:福建人民出版社,2013年,第267页。

> 此塔建自萧梁昭明太子大通元年丁未,迄我朝嘉靖甲午千有三十五年。奈何世久砖瓦飘零,住持僧广性请同福宁州十七都桐山信士、徐湖信官高祥,同弟高汉募众同修,采妆圣相,塔后复建禅堂五间,总报四恩,齐资三有,咸祈法界庄严,胜事悠久者。
>
> 大明嘉靖十三年甲午腊月谨识
>
> （道光九年己丑季春,云坨拓）①

昭明寺普遍被视为是福鼎最早的一座寺院,清嘉庆《福鼎县志》云:"昭明寺,在治西北十里。《三山志》作昭明院,宋元祐九年置。《州志》:梁大通元年建,并造浮屠以镇温麻。"②大通元年为公元527年,这与上文的介绍是基本符合的。从该文内容判断,这是一个碑记,著者不详,撰写时间在明嘉靖十三年,即公元1535年。文中介绍了明嘉靖甲午(1534年),桐山信士高祥、高汉募资对寺院进行修缮的事迹。可见南朝时期佛教在桐山已发展到一定程度,到了明嘉靖年间,高家人能出资修建寺院,一方面说明其家族势力发展壮大,家财丰厚,另一方面也印证了佛教信仰对高氏族人具有深远的影响。

除了上述圆觉寺、昭明寺之外,高家还参与了当地有名的另一大寺栖林寺的修缮,族谱中保存有一篇《重修栖林寺记》云:

> 吾州之有栖林寺,自唐咸通二年始,宋中叶以前尚名庵。至政和间,惟精和尚开堂此地,始改名寺。惟精在寺修创有无,不可深考。独"古井"一颂,石刻鲜妍,至今犁然可读。厥后王梅溪先生自任归浙,亦尝一宿,留题而去。寺之巍然称胜于闽北者,已非一日。其间之废兴修造,想当不一。近自明之启祯间,瀹庵公因故址而重新大殿,其徒子智诚复建法堂方丈于后。然涂既未竟,适逢纷扰,而钟鼓二楼尚在欹倾。鼎革以来,兵火累起,寺虽免于灰烬,而门庑荡然者,将日就荒唐矣。吾师致堂,在桐有年,一日至栖林而乐之,遂邀吾与弟晚得,居其中者数年。功课之暇,余与师并弟览桐山之凋敝,悯烟炉之索寞,即修复有志,而难募为虞,故屡举中止。幸今皇恩汪濊,烟火消荡,又新设桐营,兵守官长冠盖相望于道。疮痍复起之秋,即灭劫转轮之候,吾意必有大力扶持之人兴起其间。如绯衣功德,主其人者,倡之于前,大家俱破悭囊作

---

① 桐山《高氏宗谱》卷十二,《艺文》,宣统辛亥年修。
② (清)谭抡:《(嘉庆)福鼎县志》卷七,清嘉庆十一年刊本。

不住相布施者,成之于后夫?且洛伽走燕,泰岳走越,灵圣所感,岂必乡都?世不乏好善乐施之士,其亦望栖林寺烟树邈焉,兴怀以共襄盛事者乎?余已散募锱铢,经始于大雄殿门,将来次第功程几几就绪,务使复殿崇楼,一旦聿新,震风凌雨,百年无恐。吾师于鼓钟鱼磬之余,琴偈铿然,幽想梅溪前徽,则栖林之胜,其有替乎?佛曰:"一切诸力,心力为大。"余辨是心,以往为伽蓝告,为韦驮告,为罗汉(汉)、为诸天、为释迦告,并为桐川官长诸檀信者告。譬之投种福田,望获有秋,遐迩歙集,当必有旦暮遇之者矣,又何疑此举之为难也耶!

按:此寺虽非吾家所创,先人读书之所,募修有志,遗墨犹存,后之人不敢弃也。因登其文于此。①

此文的作者高晚成,为西园二十二世祖,但谱中未题撰写时间。据文章内容"幸今皇恩汪濊,烟火消荡,又新设桐营兵守"来看,此为清兵入关以后,战火暂时消停,朝廷在桐山驻兵营之时。嘉庆《福鼎县志》曰:"康熙八年(1669年),总兵吴万福奉文拨帑复加缮筑,设游守,调八府兵以实之,置桐山营。"②故而推测,其文撰写时间大致在清代康熙年间。文中描述了栖林寺的修建历史,主要记载清初战乱以后,乡间满目疮痍,社会百废待兴,正值稳定发展时,高家晚成公及其弟在栖林寺求学,见其楼宇毁坏,便募集资金组织重修的史事。

族谱中不仅记载了高氏族人信仰佛教的情况,还保留了高家人自明代起信仰道教、修建庙宇的相关记录,如《元弼殿记》曰:

桐山中军府前有元弼殿一座,巍峨宏敞,极县治所壮观,明成化间我太祖西岳东海诸公所建,以奉华光大帝者也。按府志谓:神君五圣曰华光,江以南无不祀之,诞辰在四月八日。世所传金砖铁扇风轮火鸟诸灵异,皆神之,实录也。在桐有所谓五帝庙者,非此神也,按志五帝诞辰在五月五日,二者不可以不辨。是殿也,创始年月失考,万历间族祖朝聘、朝恩、士桢、庆肖、东肖、溪、朝动、东山、士春、仁山、养晦、绍泉、凤亭诸公曾重修焉,康熙间族祖尔澄、尔标、汉天、尔圣、咸如、莘叔、介臣诸公又重修焉。旧册可考而知,但前此修葺屡矣,而殿宇不甚宏大。且历百余年,瓦栋又甚残剥,于是族祖毓容、毓泮诸公倡议复建,命叔得玩、

---

① 桐山《高氏宗谱》卷十二,《艺文》,宣统辛亥年修。
② (清)谭抡:《(嘉庆)福鼎县志》卷一,清嘉庆十一年刊本。

得紫,族兄俊澄,族侄佳言董其事,移旧址,稍出数武。兴工于嘉庆戊寅某月日,告成于道光壬午某月日。殿坐北向南,中祀神像,左右翼以两廊,庭之正中建戏台,台外三间为仪门。由仪门外南折而东为头门,临大街。殿后稍右旁架屋三间,与殿右墙外架屋三间不相连续,皆为族人应试之寓。殿之左墙外架楼店八间,皆有后座,例年出租以归公储。报竣之日,共费白金四千余两,殿名仍从其旧。抑又思之,吾祖所建神祠多矣,若关庙、临水宫、真君堂及此皆是。今临水、真君二庙归于境内,修葺奉祀而檀越仍书高元、亨、利、贞,若本殿与关庙则属吾族所奉祀,即改建修葺皆族任之。噫!我先人乐善好施,敬奉神明挚矣!至于神之灵应,桐人皆知之,无俟我族人之赘也已。

  时道光九年岁在己丑八月望后三日,龙光记①

此文撰于道光九年(1829年),作者亦为高龙光。文章讲述了当地奉祀道教神祇华光大帝的元弼殿,可能为高家太祖西岳东海诸公于明成化年间(1465—1487年)所建,该殿经历了明万历、清康熙两次有记载的修缮,主持和出资修缮者均为高家人。到了清嘉庆年间,高家又组织了一次大规模的重建,还扩大了规模。该庙在清代就建有正殿、戏台、头门和仪门,殿后侧还建房屋数间,作为族人应试读书之所。殿左墙外修建八间楼店,出租作为宗族的公共资金储备。文中还提到高家所建神祠,除元弼殿外还有关庙、临水宫、真君堂等。该文赞扬族人乐善好施之德行、敬奉神明之风俗,同时也揭示出高氏宗族与当地神庙体系的密切关系。

除了修缮寺院道观,高家还主持修建其他公共建筑,如著名的水北溪桥,高家族谱中有一篇《水北溪废桥记》云:

  桥之废久矣,往者朝见公见水北王家屋角之小石塔,始知此桥宋咸淳间吾家先世有汉公与其孙广禄独力所成者。塔则桥中物,旧没于中流,不知何年为王氏所得。及闻是事,族长老议往视之,王氏惧其还也,已刬去汉公等名姓,余尚存,多磨灭不可读。原桥墩四,嘉靖末桐山土堡成,拆其一以砌五门。迨万历,水北庵僧烟霞复拆其一,砌碇埠三百余齿,绝水以济行人。至顺治壬寅七月间,又崩其一,声如轰雷,远近皆震,而存者今仅一焉。呜呼!自桥废日久而碇埠始成,由是南北商贾、

---

① 桐山《高氏宗谱》卷十二,《艺文》,宣统辛亥年修。

过客、游人、舆夫、担夫、樵父,往来扰扰,如行康庄,无褰裳濡涉之苦。当此之时,若似可以无桥者,及乎夏秋淫雨,溪流奔放,澎湃万状,渡以略约,行者惴焉。然后知向者之桥为其利,而汉公之名之果可以不朽也。彼石刊之存,朝见公之见,皆有天焉存其间耳。顷者,值时多故,结庐山腕,偶步溪头,与行人坐谈往事,莫不俯仰流连,咨嗟叹息而后去。夫桥之废于今,且数百年矣,语其利而人犹思慕之,况生当其时,睹其事而蒙其利者,其赞叹又当何如哉?惜旧谱不载其事,并汉公亦不载,惟载晟公、文息公等数人居水北。伯泰公谱序有云,传闻居水北者簪缨尤盛,至今惟兔葵燕麦,风月摇曳而已。

　　康熙戊申四月二十日,世孙维文记①

此文撰于清康熙戊申年间(1668年),作者描述了旧水北溪桥的修建和兴衰颓废故事。朝见公发现水北溪桥之小石塔,塔上文字记录水北溪桥为宋咸淳年间(1265—1274年),由高家先祖汉公与其孙广禄公所建成。文章以大篇幅阐述该桥在地理交通上的重要位置,为行人过往所带来的便利,以此彰显高家汉公的不朽功劳,并显示高家曾经的辉煌。

明末高氏家族为地方社会做出的另一大贡献在于牵头兴筑桐山土堡。明中叶以后,倭寇频频袭扰东南沿海,福鼎所在的闽东地方是遭受倭寇蹂躏的重灾区,乡民四处逃散,致使村落长期荒无人烟。据桐山《高氏宗谱》记载:明正统年戊辰(1448年)十一月十三日,倭寇自南而上大肆掠夺,至桐山时,"屯村落里中老幼悉皆惊鼠",高祖宗茂公自述"不能万全,惟携宗谱一帙及流水田簿一扇越垣而奔,家资罄掠,庐室俱焚。予虽集众而追击之,终以势孤不遂,呜呼惜哉!厥后,猖獗纵横,里邻奔匿,予乃挈家避于海岛者二年",直到"景泰丙子(1456年)乃聿兴堂宇"。

在倭患频仍时代,高氏族人曾经群起反抗,如高家族谱中记载高祖溥公(字克宽),及拱公、佐公等族人自发组织高家乡勇力战倭寇,但始终力量过于弱小,克宽公及其长子仕公(字良学)与拱佐二公冲锋在前,奋勇杀敌,最终全部身受重伤而阵亡。倭寇之乱影响深远,桐山乡人为了保护家园,商议筑土堡以御寇乱,西园高家便是主要发起人,这在家谱中《桐山土堡沿置记》一文中就有详细记载:

---

①　桐山《高氏宗谱》卷十二,《艺文》,宣统辛亥年修。

桐山土堡自宋元二季已坏。嘉靖二十一年，里人始砌墙垣，中护篱落以卫族属。至三十一年，倭奴入寇杀伤守御。三十八年，倭复陷州城，随道桐山，肆虐焚毁，居民远窜，流离万状。迨倭难既平，稍稍宁宇，众议筑城以资保障。西北约略仍旧，东南以王、曹二姓不相协议，故稍缩之。以四十一年鸠工，越三载始竣。是役也，倡议之时众犹难之，而族叔祖权公号台山者，捐食谷一千石以倡，众乃欣然，照米摊派，或捐金给费，或出地筑基。基之在于他姓者，则拨地相兑。今州志载云：桐山土堡高家一姓所筑。此固吾族之盛举，实则台山公之首倡也。

数十年来，东城一带溪流冲啮，半就倾圮。家沿城者，岌岌乎其鱼之惧。启祯间，族长老尝集乡之老成，与二三才干者，议筑石堤以护城楼，佥呈于州矣。其后，各以意见议论纷纭，辄相牴牾，故屡举中止。虽有州父母，如无锡泰公、临川揭公之登陴指画，长洲沈公之温语謦劝，皆不能少激其义心。崇祯辛未，先大人与同志，复排宿议，倡始鸠工，筑堤于城外东北隅，以遏奔流。自岭头新街、水头美一带，居民率相趋事，踊跃欢呼，担土筑石成堤。逦迤数十丈，高五尺许。功未及半，又以阻者之言而罢。自是水势东行，城之不尽倾颓，人而获免垫溺者，堤之力也。夫桐山为闽浙咽喉，利薮盗丛，志有明载。山海窃发，必先被害，此一患也；泰邑一水，直达城东，源远流急，连年夏秋，淫雨涨溢，海潮凑涌，汇为巨浸，城不没者仅三版，此又一患也。有此二患，城之系顾不甚巨，而可听其崩圮坠坏，坐视而叹之理也？甲申以来，海寇频年告警，桐地断人迹者数年，其受祸比倭难尤甚。虽兴废聚散，事本无常，然孝子慈孙，达人志士，念先世之勤劳，培后人之基本，思患预防无俾斯坏。倾者筑之，毁者修之，使二患不侵，故居可奠，亦千百年身家之至计也。诗曰：维桑与梓，必恭敬止，尚其念之。

康熙戊申四月廿二日，世孙维文记①

此文为高维文于康熙戊申年（1668年）撰写。讲述的是明嘉靖三十八年（1559年）高家倡议修筑桐山土堡的故事。当时，经过倭寇的一番劫洗后，西园高家倡议乡人修筑桐山土堡，面对筑城的高昂费用，众人面有难色，高家权公当场慷慨捐谷一千石，号召高家族人共同投工投劳，献地捐钱，推

---

① 桐山《高氏宗谱》，宣统辛亥年修。

动了这项浩大工程的启动。同时,该文还讲述了高家族长倡议东城筑堤坝抵御洪水之事。如今的高家祠堂中有一段醒目的文字记载祖先的这段义举:"权公,明嘉靖四十一年,公倡筑土堡御倭寇首出千石以资始事。"其意在传颂高家筑土堡,保障一方安定的功绩。这也表明,在动乱频发,飘摇不定的明末,某些地方家族势力在地方建设和家园保卫中发挥了不可忽视的力量。

福鼎于清乾隆四年(1739年)建县,建县以后,高家亦继续在当地社会建设中扮演了十分重要的角色。如族谱中收录有一篇《安泰亭序》,其文如下:

> 鼎邑西隅离城数里许,有凉亭一座,名曰安泰亭,内供奉大士佛像。其亭系余文房祖高应畴舍基建造,通本邑十六、七、八都,霞、安两邑,以及泰顺、松溪、政和等处,往来络绎,皆由此亭。不可谓非孔道也!第亭宇创建有年,榱桷梁栋不无坍塌毁坏。余目击心怀,因于甲戌之秋,同兄弟叔侄各捐余资,鸠工庀材,将亭宇重行建造。虽无丹楹刻桷之观,而停车憩息者触目间殊觉焕然一新,亦欣然一坐。乙亥夏土木告竣,犹虑道路崎岖,行人渴饮,复议举栖林寺僧瑞芬共襄厥事,多方题捐,增建耳室,以为烧茶之所。俾往来行人,毋致道途之苦。虽功程不甚浩大,究非独力能成,是以好善乐施者,亦各捐资以助盛举焉。佛日辉煌而慈航亦永渡矣。岂果为一时之观美哉!
>
> 乾隆二十年六月穀旦,西园高亲北同侄高晭序①

上文撰写于清乾隆二十六年(1761年),此时距离福鼎建县已经二十余年。此前高家一位祖先高应畴在当地交通要道上修建了一座安泰亭,到了乾隆二十六年(1761年),因年久失修,亭宇毁坏,高晭同兄弟叔侄商议捐资共同重修,还为其增添了茶室,以供行人停顿休息,使得安泰亭成为一座茶亭。这篇文字成为研究清代闽东北地区茶亭文化的重要资料。

如上所述,桐山《高氏宗谱》收录了多篇艺文,记录了本族自定居桐山以来,宗族出资修建寺院、桥梁土堡等一系列公共建筑的情况,从而展现了高家作为当地大族在整合地方社会中的重要作用。那么,高家为何频频参与到地方社会事务中呢?总结起来,主要有三个方面:其一是因为高氏宗族具

---

① 桐山《高氏宗谱》卷十二,《艺文》,宣统辛亥年修。

有充裕的族产。郑振满在研究明清福建宗族组织的特征时，指出作为宗族共有财产的族产，其主要成分是族田，也包括山林、房屋、地基、借贷资本、工商业资本及水利、交通等公共设施。①宋明以来，高氏宗族在族谱中有记载的族产种类多样，比如祠田、祠银、租赁房产等。这些除了用于宗族内部的奖学、助贫、缴纳赋税等，也使得高家能够有一定的集体财富运用于宗族以外的社会事业中去；其二是高氏宗族的信仰具有多元特征，生动地体现了自宋代以来福建宗族中儒家、佛教、道教信仰的融合，这种宗族多元宗教信仰现象也促进了宗族对当地宗教信仰公共事务的贡献。其三，作为当地最重要的大族之一，通过积极参与主导当地公共事务活动，高家也能赢得乡土社会的普遍尊崇，从而在一定程度上使得本族保持在地方社会中的影响力。

从历史记忆角度而言，桐山《高氏宗谱》中留存的艺文记录，也为地方历史的建构提供了重要的文本资源。自福鼎建县以来，于清嘉庆十一年（1806年）编撰了第一部县志，即嘉庆版《福鼎县志》。在列名该县志的编修者中，就有高家人的身影。如曾任建安县训导的高昊就担任"分修"一职。当时县志主纂、知县谭抡曾在序文中提到筹划编写县志的情况："爰遴选公正诸文学，分路采访，复延邑之孝廉施如全、王锡龄，训导高昊，共襄兹役。"②可见，谭抡在当时福鼎施、王、高等几大家族中，各自遴选一名代表参与编写，而高昊就是高家的代表。我们发现，县志中不少内容如名胜、城池、水利、风俗、祀典、理学、寺观、艺文等部分，某种程度上借鉴了高氏宗谱的记录，由此可见，类似桐山《高氏宗谱》这样的地方族谱，除了呈现家族的历史之外，也在构建地方社会历史中发挥了重要的作用。

四、结　　语

综上所述，作为与福鼎关系十分密切的一个地方大族，高氏宗族不仅移居太姥山地区历史悠久，且族人对族谱编纂十分重视，其族中所保存的不同年代的桐山《高氏宗谱》，不仅包含了较一般宗族族谱更加丰富的宗族史内容，而且其收录的各类艺文资料还具有重要的地方史价值。它不仅是一部

---

① 参见郑振满：《明清福建家族组织与社会变迁》，长沙：湖南教育出版社，1987年，第257页。

② （清）谭抡：《（嘉庆）福鼎县志》叙，清嘉庆十一年刊本。

家族史的记录,也呈现了一部跨越宋、明、清三代长时段的地域社会史。它深刻地反映了东南沿海地区的一个宗族组织,是如何通过各种整合宗族的方式,扩大宗族的影响力。并将其社会功能扩展到了地域社会层面,从而在地方社会建设中扮演了重要的角色。

移民群体与地域社会意识之构建

——以《佳山周氏族谱》为中心

李 蕊

族谱是记载一个家族的世系繁衍及重要人物事迹的民间文献载体,它对于宗族移民史和发展史的研究具有重要的文献价值。迄今为止,学术界利用族谱资料对宗族移民史的研究已经取得了不少成果。在福建地区的族谱研究方面,罗香林先生利用客家族谱的记载,研究了福建西部山区汉人民系的移民问题。陈支平先生探究了汉晋以来北方汉民迁入福建的历史过程。胡沧泽先生在对北方汉人入闽历史进行断代方面取得了较有深度的研究成果。本文主要以《佳山周氏族谱》为中心,考察福建省福鼎市佳阳周氏的发展历史及其建设情况,分析该家族迁居的原因,以及迁居以后地域社会的形成过程,并在此基础上探讨该家族在复兴过程中形成的地方社会意识。

一、佳山周氏的移民历史

佳山,因周姓聚族而居又名"周佳山",简称"周山",本文按照佳山《周氏宗谱》的称法,仍称佳山。佳山位于福鼎东北部,坐落于闽浙交界的天湖山下,距城关28公里。西北与"世界矾都"浙江苍南县矾山镇接壤,东北与苍南马站镇相邻。佳山原属福宁州(府)劝儒乡,清乾隆四年(1739年)福鼎置县,隶属二十都,民国时期隶属前岐区。1935年,闽东特委在周山成立中共鼎平县委,同期成立上东区苏维埃政府,佳山成为闽东、浙南重要的革命根据地。新中国成立后直至2001年前,佳山隶属前岐。2001年1月起,隶属新成立的佳阳畲族乡。清乾隆四十五年(1780年),曾任翰林院编修的孙希旦说道:"周佳山在福鼎之东偏,环山临海,深邃窈窕,山川灵秀之气磅礴郁积,周氏聚族居之,为县中巨姓。"①佳山《周氏宗谱》记载,"佳山高山突兀,山腰忽开盆地,别成村落。林泉之趣尤佳,入其中者每觉神怡心旷,几不知此地之在山间也。"②居住在佳山的周氏族人借助隐蔽的有利地形,历经千百年变迁,不断发展壮大。其家谱载,"所以清代钜公名士爱其地之幽,俗之朴,恒流连信宿于此,而佳山之名亦因其大著"。③ 佳山不仅是粟裕、刘英、叶飞等革命先辈及中国工农红军战斗过的革命老区,而且还是闽浙边界的进士村和秀才村。那里集建筑文化、红色文化、牡丹文化、宗族文化、民俗文化和汉畲文化等多元文化于一体,具有深厚的历史文化底蕴。

历史上,唐代是北方汉人入闽的重要时期,唐末五代的中原战乱使得北方地区民不聊生,士民为避乱而南迁入闽。这一时期福建人口空前剧增,主要有两波人口大范围迁徙入闽:第一波为王仙芝、黄巢起义引起的人口迁徙,流民南下入闽是陆续进行的;第二波是光启元年(885年)由河南光州南下的武装移民。④ 据福鼎民间族谱记载,唐、五代十国时期,始迁入福鼎的姓氏主要有王、杨、周等姓。而位于福鼎市东北部的佳阳乡周佳山是周姓聚族而居的血缘村落,佳山周姓属汝南郡支派,开村周氏先祖创久公系东周平王之后。周氏族谱中的《编辑谱牒序》云:"吾家鼻祖周十九公号创久,五代晋高祖天福三年自江南赤岸迁佳山,居于前宅,宋末移居后宅,至大明初斯迁本宅。"⑤可见,开村先祖创久公于五代后晋天福三年(938年)从河南辗转经霞浦等地迁徙而来,迄今已有1000多年的历史。

唐朝灭亡以后,王审知被后梁太祖朱晃封为闽王。王审知死后,其子延钧于公元933年正式称帝,改国号为闽。闽国作为中原移民在福建建立的一个独立的地方性割据政权,为了与邻国对抗,取得生存权利,不仅需要军队作为地方政权统治的支柱,同时也需要各方面的人才。因此,闽国建立了比较完善的政治体制,而且礼贤下士,十分注重吸收政治、文化等各方面的人才来发展地方经济。其宽松的政策和环境对北方汉人的移民产生了深远的影响,众多北方的政客、士绅和商人纷纷入闽。《八闽通志》云:"自五代乱

① 佳山《周氏宗谱》,1942年重修本。
② 佳山《周氏宗谱》,1962年重修本。
③ 佳山《周氏宗谱》,1962年重修本。
④ 郭志超、林瑶棋主编:《闽南宗族社会》,福州:福建人民出版社,2008年,第34页。
⑤ 《汝南郡周氏宗谱》卷一,《序·编辑谱牒序》,2000年重修本。

离,江北士大夫、豪商巨贾,多逃难于此。"① 五代动乱和王潮、王审知率兵据闽,造成了不少中原士民为避乱南迁,落户福鼎境内的局面。宋人陆游撰《傅正议墓志铭》云:"唐广明(880—881年)之乱,光(州)人相保聚,南徙闽中,今多为士家。"② 追随王氏兄弟入闽的家族,因王氏在福建的得势,大多因为政治上优势成为一方新贵。

需要注意的是,南迁的移民将中原的门阀观念带到了福鼎。为了在社会上取得一席之地,许多与王氏兄弟毫无相干的姓氏纷纷声称来自闽王王审知的故乡光州固始,以此来提高自身的地位。从民间族谱记载中可以看出,福鼎各宗族十分重视入鼎始祖的记述,而且追溯的结果大部分姓氏的始迁祖都是官宦世家,即使是福鼎的一般姓氏,也会在族谱中将他们的先祖述说成官宦出身。南史学家宋郑樵就说:"今闽人称祖者,皆光州固始。实由王绪举光、寿二州,以附秦宗权,王潮兄弟以固始之众从之。后绪与宗权有隙,遂拔二州之众入闽。王审知因其众以定闽中,以桑梓故,独优固始。故闽人至今言氏谱者,皆云固始。其实谬滥云。"③ 陈支平在《福建族谱》一书中也指出,福建许多宗族的族谱都有虚拟先辈及先辈职位和附会名流的现象。④ 佳山周氏在族谱中也说其祖先来自光州固始县,周氏族谱《佳山族谱序》中提到:"唐末,诸姓多从王潮入闽。故吾祖发自光州固始县。光州,古汝南地也。吾宗支派散处闽地……而秦川一派自入闽后,创久公折(析)居福鼎佳山时,晋天福三年也。"⑤

历史上福建民间宗族中之所以存在远祖附会的现象,究其原因,主要是在当时的历史年代里,门阀宗族的标榜可以使宗族冲破血缘的束缚,不断壮大实力,从而由血缘宗族向地缘性宗族转变。换言之,这种现象对政治、经济利益的取得具有十分重要的现实意义。从更广义的层面看,福建民间为附会名人望族修族谱的现象,尽管一定程度上给后人客观真实地了解汉族入闽的历史造成了阻碍,但这种对于自身族源的攀附,却也在某种程度上加速了不同汉族民系入闽后的相互融合,对福建的开发起到了一定的积极作用。

---

① 黄仲昭:《八闽通志》,福州:福建人民出版社,1990年,第42页。
② 陆游:《渭南文集》卷三十三。
③ 郑樵:《南湖郑氏家乘·荥阳郑氏家谱序》。
④ 陈支平:《福建族谱》,福州:福建人民出版社,2009年,第93~125页。
⑤ 《汝南郡周氏宗谱》卷一,《序—佳山族谱序》,2000年重修本。

明朝末年,由于古屋被火灾烧毁,周氏被迫移居他乡。佳山周氏《佳山屋宇志》中载:

> 明季戊辰古屋回禄,厥后只竖一公厅两房,概未兴土木,遂值迁移至……大清康熙二十年展界,族人复回故土,无力兴建,所以蔽风雨者惟茅屋数椽耳。至康熙五十五年,合族俱有缔造之志,制孙慨然领袖共议基址,卖鳌尾族前面两透之基,以成方正,后座明楼十一间,中厅回椽,前座暗楼九间,中扛梁公厅,交井横楼各一间,总竖三间门台,出入共路。兴工于五十六年春,以五十七年戊戌正月二十四日子时建造。①

如上文所述,周氏族人于康熙二十年(1681年)返回故土,却无力兴建祖屋。直到康熙五十五年(1716年)族人才共同兴建房宇,并售卖鳌尾族前面两透之地基来填充建房所需的资金。

北方士人与流民移居福建之后,"那些在中原地区被别的大家族所欺压的小家族或散户,在移入新居地后便有了大展宏图的机会,这是魏晋时期福建家族发展的原始动力,这种家族制度亦是士族观念的产物。"②可以说,福建民间聚族而居的传统由来已久,这一传统的形成和发展,与北方士民的入闽息息相关。从隋唐至五代,中原地区的门阀士族制度逐渐消亡。而闽国作为十国时期的一个独立割据的政治群体,为了取得生存的权利,反而依赖和标榜门阀宗族,大力发展社会生产和经济,并建立了比较完善的政治体制,成为士民避难之所。而且,追溯历史可知,晋太康三年(282年)年间闽东地区就已初步开发。隋唐五代时期,闽东地区步入一个发展的新时期,作为福建海上交通的重要据点,佳山所在的闽东,自然而然地成为当时北方汉人入闽的重要聚居地。因此,周氏南迁入闽既是人类适应环境的结果,也是一种历史的选择。

二、宗族发展与地域社会的开发

随着时间的推移、人丁的增加,宗族世系必然会发展壮大。宗族的每一个成员都有可能成为后人的继承对象,从而在原来的宗族中又形成新的宗

---

① 《汝南郡周氏宗谱》卷一,《佳山屋宇志》,2000年重修本。
② 陈支平、詹石窗主编:《透视中国东南:文化经济的整合研究》,厦门:厦门大学出版社,2003年,第205页。

族。血缘宗族在发展过程中,每一代又需重新分配权利和义务,从而导致不断"分枝"且层层累积的状态出现,进而形成多支系和多层次的阶梯式结构。而且,宗族的"分枝"必然导致分家及祖屋的划分或扩建。可以说,世代之分、房派之分和子嗣之分既是一种血缘递进的自然过程,又是一种族群互动的过程。佳山周氏开基祖创久公自徙居佳山后,至明天启时,已繁衍五房,即底头房、楼下房、新厝房、上厝仔房、九分裏房。始祖成美公为上厝仔房所出,生子四人,延绵瓜瓞,第四子讳圹者未娶而亡,其他三人分为孟、仲、季三房;至明代,三大房已分出几小房,如孟房叔侄分乾、坤两房,仲房兄弟分天、地、人三房,季房兄弟分元、亨、利、贞四房。① 佳山周氏《佳山屋宇志》载:

  大明本宅屋宇各房各造,有上厝仔房在后座,有底头房在后座左边,有楼下房在中座右边,又有鼍尾一族在前左边一半彼屋零起二小座。惟吾九分裏房居中并前半直出门前,台后两座交井明楼。每房各建门台,分路出入。②

可见,佳山周氏在明代就已子孙繁多,可谓当地的名门大族。而且,各房各自建造自己的房屋,设立独立的门台,说明已经分家。世代的分化形成了祖先权威,房派的分化形成了大房或强房优势,而子嗣的分化则形成了强人效应。从宗谱的文本书写中,我们可以看到多种叙事方式形成的话语,而这种话语的形成建构着宗族,又分化着宗族。

  尽管中国历史上的遗产继承通常以分割继承为特征,但民间往往采取分家不分祭、分家不分户或分家不析产的方式。分家后的周氏族人仍然保持相当密切的协作关系。他们对宗祧、户籍及某些财产实行共同继承,族田一般也是采用按房轮值的方式进行管理。若轮到哪房当值,当年宗族所有公共的开销就由这房出资。周氏族谱《条训规则》中提到:

  值祭者,祭品须诚敬,办理务当丰洁,又必请有绅衿及识字者,登坟赞唱读祝。如敢潦草以贻神羞,加倍治罪。轮值祭祖,现(光照)等于道光十一年三月廿三期呈谕阻背课在案。凡值祭者,再敢未祭,光课以致临祭无资,必鸣官究治。③

可见,在族产轮值中,族人之间的权利和义务是比较明确的,这种协作方式

---

① 《汝南郡周氏宗谱》卷一,《序·编辑谱牒序》,2000年重修本。
② 《汝南郡周氏宗谱》卷一,《佳山屋宇志》,2000年重修本。
③ 《汝南郡周氏宗谱》卷一,《条训规则》,2000年重修本。

也是较为公平合理的。轮值者承担权力的同时,也要履行相应的义务。如果不履行有关义务、违背了公平协作的原则,情节较轻者,由族长及各房房长商议处罚;情节严重者,可以鸣官追究,借助官府的力量来解决。

如果遇到兄弟分家因财产不均等产生纠纷、族际之间因占地之事发生争斗,或是宗族祭祀、修谱、对不肖子孙进行惩罚等情况,需族长出面协调或族长召集各房管事者共同商议。周氏族谱载:

> 族中或有忤逆犯上、以少凌长、以强欺弱不法等事,及恃强横占偷窃诸恶,各房长到祠内,严议责罚,倘敢恃顽,金呈鸣,决不徇情。赌博乃盗贼之薮,故例禁严之,况宗祠为先灵所栖,尤宜肃静。凡诸子孙,如敢在祠引棍聚赌,私开烟馆,着族长鸣官惩治,不得护隐。以上条训规则,系族长暨各房长,循例金议,条例指示,恺切恳挚,严于令甲,上以保宗祠血食,下以正子孙浇薄,各宜凛遵恪守,如敢蹈犯,辱及尔身,殊无足惜,诚恐祖宗不容,默匕之中,断不轻贷尔,即今日自衿自耀,欲望后嗣之昌,不可得矣,勉之勉之!①

诸如此类族谱中对子孙训诫、鼓励、教诲和警示等的叙事,通过不同世代的人们相互讨论、协商而形成,并且得到了宗族全体成员的认可。

在商品经济发展的影响下,宗族的公产规模在不断扩大,为了保护宗族共同的物质基础,防止子孙败坏公产,佳山周氏在宗谱中对族产的管理做出相应的规定:

> 坟林丘木无故不斩,如不顾坟荫,任意砍伐及拚卖者,无论公私之山,皆可惩罚。吾家公堂坟山,许各择穴安葬祖父,断不容卖他氏及与女子随嫁……祖遗公产内中,除各房祖上有阄分者,应为己业,或已下有契,私相授受者不得借为己业,一切俱属公产。凡公山,准各房栽植杉松,留篆竹木及开垦山园,物准归己,山仍属公,不得借物占山,亦不得借物出售,同异姓及私自批拨收租等情,违者鸠族重惩之,将山内所有物产尽充为公业,庶不致有强私弱公之弊。②

从这些规定中可知,若有宗族子孙不顾祖宗规定,私自违背族产管理条例,会受到宗族的惩戒。新中国成立后,宗族的族田被收归国有,现在重修宗祠、修纂族谱、合祭祖先等所有宗族事务的开销均按家户人数平摊,由宗

---

① 《汝南郡周氏宗谱》卷一,《条训规则》,2000年重修本。
② 《汝南郡周氏宗谱》卷一,《条训规则》,2000年重修本。

亲理事会来处理，也有会计专门管理宗族的公共经费。但是，周氏族谱中所列的条训规则，反映了传统时代随着宗族的发展壮大，血缘宗族的内部管理越来越规范化。也正是由于这种公平的合作机制与利益分配机制，在一定程度上维护了血缘宗族的稳定发展。

周氏族人在发展壮大的过程中，积极顺应时代潮流，不仅在管理方式方面进行了变革，而且思想观念也能够与时俱进。他们以读为进、学以教化、优则为仕，族人中读书入仕者颇多。清朝年间，周氏先后共产生了周国铿、周国镔等四名进士。据家谱载，进士出身的先贤周国镔，从政清廉，家教有方，曾官居洛阳候选州同。乾隆五十一年（1786年），乾隆皇帝颁发圣旨，封赠周国镔一家三代。贡生、太学生和庠生等更是达到了一定的规模，其中得到敕封的有五品同知一名、六品儒林郎两名和安人四名。时任福宁府儒学教授周青云对佳山如此赞叹道："人文鹊起，为鼎邑冠族也。"[①]周氏人才辈出、名声显赫，在当地树立了本族的影响力。

可以说，汉人移民与佳山地方宗族社会的形成和发展有着千丝万缕的联系。因为在主观因素方面，南下的汉人从闽中其他地方转迁到福鼎后，他们所带来的家族观念推动着福鼎宗族制度的形成与发展。在客观因素方面，南下的移民带来了中原地区的政治、军事、经济和文化制度，他们不断开发闽中地区，推动了山海经济的发展，为宗族组织的建设提供了一定的经济基础。事实上，宗族繁衍的过程也是村落建设的过程。经过这些移民汉人的世代劳作和生息繁衍，福鼎地区得到了较快的开发，不仅土地得到开垦、河流获得整治、人口大量增长，教育事业和文化事业逐渐发展起来，而且地方社会的管理制度和伦理规范也相继得以完善。明代中叶以降，福鼎地区的较多大族开始兴建祠堂，佳山周氏也于明万历年间开始建立宗祠。

虽然村落原有的地理区位、自然人文资源、气候条件以及与外界的联系是宗族发展的基础条件，但宗族也成为村落发展的重要影响因素。佳山是在一定的地域文化基础之上而形成的"地域社会"，而"地域型社会的形成与社会经济的运作模式、相关联的国家行政制度、市场体系的发生与形塑，以及移民政策等因素有关"。[②] 具体来说，封建土地制度是中国传统农业社会

---

① 佳山《周氏宗谱》，1942年重修本。
② 周大鸣：《从地域社会到移民社会的转变——中国城市转型研究》，《社会学评论》2017年第6期。

的基础性制度。中国自秦汉以来推行"重农抑商"政策,形成了比较完整的土地管理和分配制度。在这种社会经济形态的影响下,从南北朝至隋唐时期,均田制被封建政府大力推行。但是对于福建而言情况却有所不同,福建直到隋唐时期也未实行过均田制。再加上该地区早期开发时,缺乏应有的政府控制力和社会秩序,因此,隋唐及以前入闽的北方士民均是凭借自身的实力和社会地位来获取土地和山场的所有权。人们对于土地财富的追逐加强了血缘家族内部的团结,客观上促使人们不断地借助家族的力量为自身谋取政治和经济利益。由于中原文化的扩展以及地理上的毗邻关系,随着北方汉人的南下,他们所带来的物质文明和精神文明不可避免地渗入闽中地区,与闽中地方文化相互融合,并对地方的文明进程产生了重要的推动作用。

三、宗族复兴中的社会意识

形成于血缘关系基础之上的宗族在发展的历史进程中,不仅需要维护宗族团结的族产等物质支持,而且还需要联系所有宗族成员的精神纽带。在精神层面上,这种"族性社会群落"的共同社会意识大致有生活意识、政治意识和信仰意识。共同的生活意识是指亲情意识、伙伴意识和结盟意识,共同的政治意识是指禁欲意识、均平意识和皇权意识,而信仰意识则指多神意识、功利意识和现世意识。这些共同的社会意识在时间和空间上具有极大的覆盖面,甚至成为古代社会多数社会成员精神生活的主要内容。①

在交通不便、自然条件恶劣的情况下,举族迁徙的方式使宗族乡里的子弟们互相协助,共同抵御自然和人为的侵害。当他们到达新垦地后,往往采用聚族而居的方式,以稳固自己已经占有的生存空间。人们之间也自然而然地形成一种凝聚力,从而进一步巩固了宗族内部的血缘关系。② 周氏族谱中的《条训规则》云:

> 子息一端至不齐也。无嗣者须以亲房及疏房侄辈继之,若亲疏房无可继之侄,权用孙辈承祀志有不胜继者,业归亲房。身在则就养余

---

① 任军:《现代化漩涡里的中国:他者化中华性的扞格》,开封:河南大学出版社,2013年,第290页。

② 陈吏平:《福建六大民系》,福州:福建人民出版社,2000年,第290页。

年,身亡则殡葬。岁时祭祀暨付亲房承值,断不容抱养异姓,擅抚随娘之子以乱宗支。吾族从古迄今,未尝有也。倘有不遵祖训者,合族出而警之。①

可见,血缘宗族以血缘为最基本的纽带,而且特别强调血缘的纯洁性。为了保证血缘的纯正,宗族常常禁止招赘、抱养等现象出现,这为宗法制度的提倡提供了有利条件。而且,唐代门阀制度衰落之后,为了稳固社会秩序,宋代统治阶级一方面实施乡里行政组织,另一方面强化宗法制度的统治作用。在这样的时代背景下,地方社会原先的宗族意识不论是在制度上还是在理念上都得到了强化。

佳山周氏通过几代的繁衍发展,成为当地的望族。周氏族谱的《谱例》中就有这样的规定:

> 异姓不得乱宗,或抱养异姓及抚养随娘之子者例概不书。嗣续重大事也。当尽同父周亲之义,或择贤择爱,须素无嫌隙,昭穆相当。于所生名下,书曰:出承某公;嗣于所继名下,书曰:某公嗣男;如无人可继,或例不应继者,直书曰:不传。嫡子未娶及年未上殇,父在而死者,或传,或不传,或兄弟之子谁人为嗣,或附祀何人,惟其父之命是从。登载于谱,不得借以大宗互生争端,致伤和气。妇有青年守节抚孤成立者,书以红字示奖劝也。夫死改适者,削其所娶之乡止,书娶某氏以示贬也。②

在中国的农业家庭和家族的基本结构中,父子关系是农业小生产家庭生活的轴心,家族依靠父子相替的直系血缘纽带来维系。由此形成的孝亲祭祖、夫妇人伦和子嗣传承的家族意识,构成了乡土百姓传统价值体系的核心,并且发挥着维系家族与社会稳定的实际功能。

1935年,闽东特委在佳山成立中共鼎平县委,上东区苏维埃政府也在佳山成立,并以周氏宗祠为大小会址进行革命活动。1937年卢沟桥事变后,抗战军兴,周氏"族丁被征集为现役兵者,达四十余人……壮者去而服役,广田鞠为茂草"③,以致庐舍空荡,田园荒芜。此后战乱频仍,佳山周氏发展受挫。1961年飓风来袭,导致宗祠墙瓦坍塌,幸有裔孙周召水等人主

---

① 《汝南郡周氏宗谱》卷一,《条训规则》,2000年重修本。
② 《汝南郡周氏宗谱》卷一,《谱例》,2000年重修本。
③ 佳山:《周氏宗谱·重修宗谱序》,1940年重修本。

持修葺。1962年,佳山周氏组织族人续修谱牒,其《修谱启事》载:

> 吾族郡归汝南派衍,佳山源远流长,耕读传家数百年来,尊卑有序孝悌成风。尤于男女关系更井然不苟,爰邑中仰为望族矣。第自近岁以还,世风日下人心不古,青年男女昧于世道,盖乎邪气。假社交之名行窃玉之实,因为纲常废弛,廉耻尽丧,致败德丧行。夺人妻为己妻者时有所闻,夫同姓不婚,周礼则然,况族亲者乎!吾族此次重辑家乘,旨在端风整纪尊祖修族,凡婚嫁有乖伦常,特申儆告不予入谱,为后来者戒,而符吾祖之明训也。吾等虽不勉,于此何敢诿焉。①

通过此次修谱,周氏族人进一步端风整纪,加强了宗法制度对宗族管理的控制力。"文革"时期,周族之激进分子"假破旧立新之名,恣肆破坏,凡属古雕刻几无幸免"②,幸赖族中周昭馨等有识之士"目触时艰,心怀祖宗创业不易,身临世变,志切子孙,守成当先,乃苦心钻研马列著作,深得古为今用,引今证古,为毛泽东思想与实践相结合之根本原理"③,最终使得周氏宗祠及其许多陈设得以保全。"文革"结束后,佳山周氏于1979年展开谱牒重修工作。1994年,佳山周氏集资修葺宗祠,先后大修正殿、中殿、围墙等,重建香案亭、首殿、大门阁、两厂,并肇建思源亭,购地筑造风文台至堂前柏油公路、混凝土停车大埕、庖厨、花坛等,前后持续六载,于2000年秋告竣,共耗资人民币46万余元。④ 嗣后,"鉴于房支复杂,久未修家乘,恐年代远稽考难,族中诸贤集资重修宗祠之余,倡议再辑周氏谱牒"。⑤ 周氏宗祠与佳山的联系,体现了以血缘关系为纽带的宗族制度的社会控制。宗祠的聚合作用,不仅表现在以宗祠和家庙为中心的传统村落的地域空间上,还表现在族人心目中的政治和文化的认同。周氏族人通过宗祠修缮、重修族谱等一般性宗族建构活动,不断稳固家族的统治地位,提高家族的声望。而且更为重要的是,修谱建祠还可以推动宗族组织实体的重构与复兴,从而建构整个家族的"精神空间"、加强宗族内部的身份意识和历史感知。

在血缘宗族复兴的过程中,除了共同的生活意识之外,政治意识也是不

---

① 《汝南郡周氏宗谱》,1962年重修本。
② 《周氏宗谱·第九次修谱序言》,1979年重修本。
③ 《周氏宗谱·第九次修谱序言》,1979年重修本。
④ 《汝南郡周氏宗谱》卷一,《重修宗祠志》,2000年重修本。
⑤ 《汝南郡周氏宗谱》卷一,《第十一次修谱序言》,2000年重修本。

容忽视的。汉唐以前,从北方迁入福鼎的世家大族始建家园时,为了追求社会地位和政治身份,具有较强的政治色彩。身处闽东革命根据地的佳山周氏,在新时期也利用红色遗址、红色记忆等红色文化来推动其宗族发展。

佳山作为红色革命纪念地,拥有着开发红色旅游的优势资源。以周氏宗祠为代表的宗族建筑实体,不仅是与家族、血缘、地缘等相关联的个人纪念空间,而且还是唤起红色记忆的公共纪念空间。在特殊的历史时期,周氏族人正是凭借其宗祠在中共闽浙边区中所占的特殊地位,才使得宗祠这一宗族核心表征得以幸存下来。如今,佳山作为中共鼎平县委诞生地、鼎平革命发祥地、闽东和浙南重要革命根据地、闽浙边红土地,是人们缅怀先辈丰功伟绩的重要纪念场所。佳山至今仍保留着红军井、红军洞、红军岭、红军练兵场旧址、上东区苏维埃政府旧址以及族人周建生烈士故居等革命遗存。村民口中流传的革命先辈浴血战斗的英雄故事,成为他们心目中有关周族"红旗不倒"的共同的历史记忆。1995年,为纪念"中共鼎平县委"在周山成立六十周年,浙江苍南、福建福鼎两县市人民政府共同出资建成中共鼎平县委旧址纪念亭,纪念亭中间是"中共鼎平县委"纪念碑,碑题"中共鼎平县委员会旧址",由叶飞同志亲笔题写。2005年周山革命老区的标志性建筑——周山革命陈列馆正式建成,馆内丰富的图片、文字以及实物等资料是由佳山周氏族人跑遍四个省二十多个市县,通过走访很多老红军、老干部以及党史专家学者搜集、整理而成。在政治力量的牵引下,周氏族人充分利用红色革命老区的优势,不仅使其宗祠在"文革"时期突破重重阻力,得以很好地保存下来,而且在改革开放的新时期获得了新的生存策略与发展空间,成为保存及展示族人历史记忆的场所。在家族先辈开创功业的艰辛历程中,周氏通过凝聚本地的红色记忆,以此强化佳山的红色文化形象、构建乡族凝聚观念,为民族和国家提供认同的资源。

四、结　语

由于战乱的影响、中国传统观念对于土地的追求、社会资源占有的不均,以及离土离乡的相对自由等等因素,一批批北方汉人陆续迁入到福建地区去谋求新的生产生活空间,并掀起了几次移民高潮。其中佳山周氏就是唐末五代从河南迁徙南下的移民。虽然族谱的记载不一定准确,但从这些史料记载中可知,北方汉人入闽后,从先开发区向后开发区迁徙扩展,不同地区、不同民系之间存在相互迁徙、共生共存的现象,这一点毋庸置疑。从佳山的开发历史和社会经济发展史来看,正是有唐末五代以来北方汉族的南迁,才有了佳山现在的社会经济格局。而且,佳山"地域社会"开发的历史,也无一不与周氏族人迁徙的历史紧密相连。周氏迁入佳山后,逐渐形成了一个以血缘关系为基础的、有完整系谱结构的宗族组织。随着一代代族人科举入仕的成功,人才不断涌现,周氏宗族的社会影响力也不断上升。这些族中精英以敬宗收族为己任,修族谱、建祠堂,和周氏族人一起共同树立了重视教育、勤俭节约、为官清廉的家风,使得佳山周氏逐渐成为当地家声显赫的望族。在一定的物质基础之上,社会共同体的维系还需要一种成员所共同认可的精神纽带和信念基础。以血缘宗族为单位的地方共同体,主要通过兴建村落公共空间、巩固社区凝聚力、强化血缘意识、家族意识等方式来延续宗族的生命力。佳山周氏族谱中表现出来的血缘、身份和亲情的认同,既是宗族内部不同地位的群体和人们之间关系的一种记录,也是宗族所有传统得以建立的精神基础。

族谱与宗族组织：
澉城杨氏的宗族实践与历史记忆

舒璋文

族谱是指在中国的宗族中所构造的以系谱为中心的世系群记录。有天下之史，有一国之史，有一家之史，有一人之史。传状志述，一人之史也。家乘谱牒，一家之史也。① 族谱作为一个宗族的历史记载，通常与正史、方志被看作是中国历史的三大支柱，族谱是对始祖以来的父系亲族的记录，其内容包括每一个亲族成员的姓名、生年、卒年、生前业绩、妻姓、子女数、居住地、坟墓位置和风水等，同时，也会解释和附记整个宗族的来历及亲族应遵守之规则。②

为了保证族谱修续的相沿不断，修纂族谱是家族的大事，在家族热心分子的倡导呼吁下，通过族长、房长会议协商，确定重新修纂族谱。③ 各家族还会成立族谱修纂委员会或谱局、修谱董事会等临时组织。可见修纂族谱是一件需要族人斟酌、讨论的事情，希望通过族谱记忆自己的祖先和本家族的历史，虽然导致出现这样一种对整个家族、宗族成员的事迹以及他们之间系谱关系进行精细描述的"历史"记录。但另一方面，也不能不看到，正是因为有了这一动机，才使得一种有意无意的选择行为，介入了何种内容应该写入族谱，何种内容不该写入族谱这一判断过程之中。④

---

① 章学诚：《文史通义校注》，上册，北京：中华书局，1985年，第198页。
② ［日］濑川昌久著，钱杭译：《族谱：华南汉族的宗族·风水·移居》，上海：上海书店出版社，1999年，第4页。
③ 陈支平：《福建族谱》，福州：福建人民出版社，1996年，第38页。
④ ［日］濑川昌久著，钱杭译：《族谱：华南汉族的宗族·风水·移居》，上海：上海书店出版社，1999年，第2页。

这样看来，在一定程度上族谱是经过族谱编纂者处理的历史记忆，要分析这些记忆不断强调的内容，则需要厘清不同年代编纂的族谱内容，通过对这些内容进行比较、归纳，可能会发现这些历史记忆的内容及目的。因此，本文以《潋城杨氏族谱》为主要分析资料，考察在历次纂修的族谱文本里不断被叙述的历史记忆的主要内容，同时讨论这些历史记忆的社会功能。

一、对始祖、开基祖及其他先世的不断记载与回忆

现今的《潋城杨氏族谱》主要由《族谱凡例》、《行第小引》、《杨氏旧谱源流序》(1017年)、《潋溪①杨氏谱序》(1195年)、《瑞安②新谱序》(1398年)、《杨氏族谱序》(1408年)、《重续族谱序》(1487年)、《重修族谱跋》(1706年)、《新编杨氏族谱序》(1885年)、《新修族谱序》(1963年)、《重修族谱》(1984年)、《杨氏源流世系图》、《潋溪杨氏开基始祖世系图》、《杂志并引》等部分组成。该族谱收录的最早谱序是《杨氏旧谱源流序》，其撰写时间是1017年，最近谱序则是《重修族谱序》(1984年)，其间跨时967年。潋城杨氏在1984年重修族谱时候，除了收载新写的序外，以往历次修谱的旧序，也一并收入。

通览该族族谱，可发现杨氏对于始祖和开基祖的记叙是不断进行的。下面笔者将对这两段历史记忆进行解读。首先是关于始祖的记载与记忆。杨氏族人于公元1017年编纂第一篇《杨氏旧谱源流序》，据该谱记载：

> 杨氏之始出周姬伯，侨食采于大夫，始知以为氏。周衰杨氏或称杨侯，自周而下六国与秦无闻。汉高祖平楚，喜以追杀羽有功……德祖在魏为曹操主簿，裔孙文宗在魏为通事郎，以女为晋武元皇后晋封车骑将军。迨至隋文于晋凡十代也。李唐各姓子孙分散南北，或迁于江左或迁于淮西。

从该序的字里行间可看出，杨氏之始出周姬伯。经过数代发展，后裔中有数人成为贵胄名臣，到唐代杨氏亦同各姓一般移居各地。后续数次的谱序亦有对始祖的记载。《新编杨氏族谱序》(1885年)写道："今杨氏系出于

---

① 潋溪，即潋城的别称。
② 瑞安杨氏是潋城杨氏的一支，据《瑞安新谱序》载："出示家谱比阅如对派别支分远有端绪，故知潋溪杨氏与予为通谱，而知县公上距始祖司马府君又十有二世焉。"

周宣王封其子尚父于杨,为晋所灭。自秦汉晋唐以迄元明,其间功业文字彪炳史册代不乏人。"《新修族谱序》(1963年)亦载:"杨氏其发祥之初,系出姬姓。周宣王子尚父奉于杨。杨氏战国有杨朱公,汉有杨善公封为赤泉侯孙杨敞公为丞相。后裔杨宝公生震公,震公生秉公,秉公生赐公,赐公生彪公。……隋文帝杨坚公之祖厥后嗣续递传,炳炳麟麟王家屈指莫终。"

许多宗族在修纂族时,都尽可能地把本族的祖先与历史上的名人望族联系起来。潋城杨氏亦不例外。族谱纂修时亦是把血统追溯到周姬伯。不过这样记叙的真实性值得怀疑。例如在杨氏第二次编修的谱序《潋溪杨氏谱序》(1195年)中,并没有像第一次编的《杨氏旧谱源流序》(1017年)认为"杨氏之始出周姬伯",而是载云:"昔欧阳子尝以唐末之乱,士族忘其谱系,虽显姓名家亦失其世次。杨氏先世为秦汉大族亦不详。"在该谱序之中,只是笼统的把潋城杨氏的先世追溯为"秦汉大族"却"不详其所始。"此处的"秦汉"时间跨度约公元前206年至公元前202年之间,而周姬伯所处朝代为周朝。时间表述上就存在着模糊性。《杨氏族谱序》(1408年)亦有"秦川多士族而潋溪杨氏为尤盛,诸序则其来之所自有不能详"等类似的表述。

可见这样做多少有些"虚构"的意味。中国的姓氏溯源往往热衷追附于上古社会及汉、唐时期的巨家望族、贵胄名臣,这早已为学界所共识。[①] 杨氏亦是在记忆始祖时候,把始祖认定为周朝的贵族,或者笼统记叙为"秦汉大族"。

其次是对开基祖的不断记载与记忆。历次编纂族谱者对于开基祖是怎么记叙的呢?《杨氏旧谱源流序》(1017年)是最先记叙开基祖的谱序。该谱序对开基祖这样记叙:"于唐武宗会昌间丑夷猾夏,自淮西光州固始县南阳遂举家避地入闽,住于建州浦城县,我祖司马三公卜居于秦溪潋水之湄,鼎新门户所以遗我后人者,规模宏矣。"最早的这篇谱序记叙到司马三公是最早迁徙到潋城的杨氏先世。并且记叙了"唐武宗会昌间丑夷猾夏,淮西光州固始县南阳遂举家避地入闽"这一事件。

在后续的谱序中,类似的记叙不断。《瑞安新谱序》(1398年)载:"杨氏自唐咸通间,司马君徙居闽之长溪村"。《重续族谱序》(1487年)载:"概念予之世也,于唐之会昌间因丑夷猾夏,由淮西光州固始之南阳,举家避地入

---

① 陈支平:《福建族谱》,福州:福建人民出版社,1996年,第93页。

闽,家于建州蒲城。始祖司马三公于咸通间,由蒲城徙居长溪之潋村,古之长溪县,今之福宁州也。潋溪之族实由司马三公始。"《新编杨氏族谱序》(1885年)载:"兹潋溪杨氏其苗系也自有唐肇迁于此。"《新修族谱序》(1963年)载:"祖司马三公者,当唐咸通间由蒲城来迁潋溪立业,是为肇基始祖也。"《重修族谱序》(1984年):"概念予之先世也,于唐之会昌间,因丑夷猾夏,由淮西光州固始之南阳举家避地入闽。家于建州蒲城,始祖司马三公于咸通间,由蒲城徙居长溪之潋村。古之长溪县今之福宁州也。"

为了再次强调这一历史记忆,《潋溪杨氏开基始祖世系图》对潋城杨氏第一世的司马三公亦有较多笔墨:"唐咸通间由浦城迁居潋溪开基立业,妣林氏、周氏、程氏,生子七。林妣葬洋源鹅鼻山坐酉向卯,程妣葬长溪赤岸三板桥边,取金钗形玉池案。周妣墓葬泉州。括苍故老相传,公有七墓,年代久远,皆莫考焉。"《潋城杨氏族谱》在杂记部分还附有《福安崇仁寺纪略》:"司马三公讳绍,字崇显。世居浙江龙游县,以进士出身,职居司马,旋擢福州刺史,终于任。子文简公历官御史参军,哀奔父丧运柩回浙。"

从上面的记叙可知,开基祖的记忆常常与迁徙相联系。除了谱序多次提到开基祖司马三公外,有的把开基祖的迁徙与唐代光州固始移民入闽历史事件相联系,有的则只是说从蒲城迁徙到潋溪。也就是说杨氏祖先在唐会昌年间因为北方战乱,由光州固始南阳地方举家避地入闽,居于闽北浦城;随后司马三公在唐代咸通间由浦城迁徙到潋溪定居。《新修族谱序》(1963年)也记载了这段历史:"祖司马三公者当唐咸通间,由蒲城来迁潋溪立业,是为肇基始祖也。"从《潋城杨氏族谱》的多次记叙来看,司马三公确是从浦城迁徙到潋溪,但之前杨氏由北方迁居入闽的历史则不明确,如《潋溪杨氏谱序》(1195年)作者就记叙其"得察院公手泽一编,视之家谱也,推其源流,远有端绪。然谓刘展之乱始徙家于建州蒲城,则亦无所据也。"

这样看来,开基祖的记叙同始祖的记叙类似,也需要做出记载什么、怎么记载的判断;有的谱序记叙"唐之会昌间因丑夷猾夏,由淮西光州固始之南阳举家避地入闽",东南地区对中原"光州固始"的根的认同,虽然有着除功利色彩以外更多的社会、政治等复杂因素,从历史学的角度或许有必要廓清历史事实,但实际却反映了中原移民对中原文化的眷恋,从而强化他们对

中原之根的认识。毫无疑问,"固始"从某种意义上讲正是"中原"的化身。①进一步说,在进行族谱重修或改订时,即使是对于距今较近的祖先,也需要做出记载还是不记载的判断;同时,对于第一部族谱编纂以前的宗族早期祖先,也可能对那些会影响今后各分支之间关系和维持宗族团结的系谱,重新加以解释。②

最后,对其他先世的记叙与记忆也是族谱的重要部分。在《潋城杨氏族谱》中,除了始祖和开基祖被杨氏族人在数次纂修族谱中不断记叙外,其他族谱纂修者对其他先世亦有记叙。而世系传录作为族谱中最主要的部分,是各家族血缘传续的直接表述,也是族谱的主要内容。其不断记叙、提及、称引和解释的内容,一定程度上可以认为是构成历史记忆的重要组成部分。

一般来讲,世系传录记载了从开基祖开始到修谱的日期止潋城杨氏所有成员的名号、生卒年月、妻室子女以及葬地等内容。记载这些内容是关乎礼法问题,"谱详生卒,古法也。详其生,而后长幼辨明;详其卒,而后忌日之礼可举也。"③世系传录除了记载以上内容外,杨氏族人还对两类先世着墨颇多:品行高尚者和有官爵功名者。

对品行高尚者的赞誉,如:

十三世祖俞公,字昌言,号佚俄。翁贯串经史,驰骋古今。有著作,诗集名《扫金者》,公之手泽也。生失,卒淳熙癸卯年。享寿八十有五岁。娶陈氏,生卒俱失。生子一。墓葬十二都。

二十四世祖湖公,一生朴实,取家庭以和,侍邻里以信,人皆重之。生于弘治己酉年九月初一日戌时,卒嘉靖己亥年正月十四日吉时。娶王氏,生弘治甲寅年正月十五午时,卒嘉靖壬子年十月初七日吉时。生子三,合葬南山坐丙向壬。

三十世祖儒捷,字淑荣,治家有法,教子有方。生崇祯庚午年五月十一辰时,卒逸。娶叶氏,生于崇祯己巳年八月十八日丑时,卒逸。生子一。

---

① 张新斌:《论固始寻根》,《中州学刊》2002年第3期。
② [日]濑川昌久著,钱杭译:《族谱:华南汉族的宗族·风水·移居》,上海:上海书店出版社,1999年,第17页。
③ [日]濑川昌久著,钱杭译:《族谱:华南汉族的宗族·风水·移居》,上海:上海书店出版社,1999年,第13页。

对有官爵功名者的记述,如:

十六世祖时中,字达权,号双清逸士。恩授迪功郎,嘉泰四年晋封通直郎。娶林氏,生子二。

三十六世祖兆受,号拱亭。人品端方,醇谨安分,邻里重之,恩授迪功郎八品冠戴。生乾隆壬戌年八月十二日辰时,卒嘉庆甲戌年二月廿九日申时。原娶王氏,生乾隆戊辰年十二月廿六辰时,卒乾隆正月初二日酉时。

除了在世系传录中对先世不断记叙外,《漈城杨氏族谱》在《杂志并引》部分亦记载了一些祖先的事迹。比如《重建石湖东观之志》,详细记叙了十二世祖右侍郎杨楫兴办书院、倡导理学的情况:

福宁之治三舍许,有名曰蓝溪。枫树千丛,佳气盘结,风土富饶。唐大历间,吾祖杨氏始卜居焉。至宋嘉定,十二世祖右侍郎杨楫公者,少登科第,居朝不阿,言行政绩,灿著辉煌。尝从朱文公游,称为高弟。当文公寄迹长溪,公履赤岸迎请至家。乃度其居之东,得地平宽,厥位面阳,爰立书院。文公预赠一联云:"溪流石作柱,湖影月为潭。"勒于门石。公复置田百亩,祀祖于其间。每岁季春三日,率少长设位行礼。祭有常仪,不丰不啬,孟秋之望亦然。除祭祀外,命董事延文行兼优士,教族咸子弟学习其中,明仁育义,以务孝悌忠信,猗欤盛哉。

该文对十二世祖杨楫的记叙使用的言辞"少登科第,居朝不阿,言行政绩,灿著辉煌"亦是与上述"品行高尚"或"有官爵功名"先世相呼应。杨氏宗族将十二世祖杨楫的排位与朱熹的神位一同放入石湖东观供奉,由全体族人共同奉祀,此乃地缘宗族中至高无上的礼遇和特权,充分体现了宗族中"贵者"的特殊荣耀。①

二、敬宗收族的编纂目的及其具体实践

本文目的不在于考证《漈城杨氏族谱》内容的真实性,而是思考族谱为什么这样编纂及编纂行为背后的意义。而最能集中表达编纂目的的部分则是历次编纂的谱序。《杨氏旧谱源流序》(1017年)提到:"对历考传记,序其

---

① 叶梅生、张先清:《太姥文化:文明进程与乡土记忆》,北京:商务印书馆,2016年,第166页。

世系,编集于图,以诏后世子孙,不忘其本矣。"《潋溪杨氏谱序》(1195年)同样也提到:"则又奉诸父命而言曰,今吾族之为人子为人孙者,宁无念前人所以辛苦立门户之意。"

《杨氏族谱序》(1408年)载:

> 欲加修葺,则数百载之文献焕然复新,俾杨氏之子孙皆知先世裕后之泽未泯,而思所以光昭其令德,不坠其家声,其用心不可谓勤矣。

《重续族谱》(1487年)载:

> 吾祖宗之德所敷遗也。今谨续斯谱者,特以传前人之所已传,载后人之所未载也。庶几有以尽吾尊祖敬宗之心,而无愧于韩魏之所言矣。后之子孙倘有元宗烈祖者,出用当润色于斯谱可也。

《重修族谱跋》(1706年)云:

> 家之有谱,犹国之有史也,史以著君臣政治之得失,家谱以记宗族长幼之善恶。名虽不同,其实无异,皆以使后世有所惩劝耳。……自唐迄明,经名公数葺,今又将坏。若仍旧贯而弗整,是委先泽于草莽,而无以昭示来兹也。……阖族之世系烛然在目,前人之废坠厘然俱举。善固可师,恶亦可鉴,从此而人自濯,磨家争砥砺。

《新编杨氏族谱序》(1885年)记载:

> 数典乃忘则湮没莫传,世系虽或可稽,而新谱未辑,恐溯本穷源,即此之流离,有较昔日而愈甚者,是亦后世之无可如何也。是岁昭阳单阏之春,有宗人兆汉先炎二君,所以皇然有志于修谱也。……以明昭穆,以序长幼,以辨亲疏,使一族之中不至以李代桃之诮。迪光前而裕后昆,俾祖宗之典型,继继绳绳,永守不坠,是则谱之遗意也夫。是为序。

通过对以上各谱序的摘录可知,历次编纂皆强调血缘的延续性,期盼后世子孙不忘先泽,从而达到敬宗收族的目的。追述自始祖以来诸位祖先的事迹,缅怀其功德,教育子孙,使子孙产生尊祖、法祖的观念。而"祖德",一般是儒家伦理修身较深的表现。族谱把同一始祖或同一支祖下的子孙合于同一族谱,使族人通过确定自己同祖先、同族人的关系,在尊祖意识下加深彼此的关系,增加血缘的向心力和凝聚力。①

上文提到的《重建石湖东观之志》,其文由潋城杨氏二十二世孙杨塽所

---

① 白寿彝总主编,周远廉、孙文良主编:《中国通史》第10卷,上海:上海人民出版社,2015年,第440页。

撰写,该文是对敬宗收族目的的良好实践:

> 迄乎年代浸久,栋宇倾颓,未有谋及更葺者。成化庚子岁,二十二世孙𫓧暨诸子侄辈,不忍宗祖创立基业见其毁坏,乃与阖族捐资鸠工,重建祠宇。前后两重,内重立紫阳朱子神位,以十二世祖配之;外重乃杨氏宗祠也。遂将昔肇建灵峰招提西庑杨氏世代神主胥请入祠。考灵峰寺碑记,则唐咸通九年,杨氏舍田以为子孙植福之地。至嘉定四年,亦是楫公与僧大全而重建之。况楫公创建基业,其可任其倾颓乎?宜乎兴命一新。
>
> 余宦游归里,际此盛事,触目悦心。守祠道士乃严州人士,云号公平。善楷书,精墨竹,能诗。余甚敬之。出而请曰:"衣食有资,愿抒笔墨之精,建一小楼以为静室。"余商众诺,不三月而成功焉,是为石湖东观。𫓧与子侄辈请立碑以记其事。余冀子孙百世,履斯地,登斯楼,知尊师重道者在是,爱亲敬长者在是。有关乎治道大,有关乎风俗大也。遂书以为记。

为了维护血缘的延续性,从而达到敬宗收族之目的,潋城杨氏族谱编纂者还通过制定凡例及行第的方法来规范族人的生活。在《潋城杨氏族谱》中,行第、凡例被放在整部族谱的靠前位置。行第谱,又称字辈谱、排行谱,是记载家族世系人名的排行用语。行,辈也;第,次也。行第即被称呼人在自己家族中的辈次。①《潋城杨氏族谱》行第原文如下:

> 盖闻族无谱则亲疏莫辨,人无行则尊卑罔识,历之久远宗族相称未免混乱,今定之以行第,即地之相去有余里,世之相后千有余载而一叩其行第,则尊卑长幼了如指掌。书曰:"若网在纲,有条不紊。"此之谓矣。兹将行第缮明如左以便依取可也。旧名:春日儒昌祥兆延季,自二十八世起至三十五世止。新增行名:从三十六世起,永承先德庆衍云礽科甲继起祖武克绳。新增行字:从三十六世起,存仁思已志希圣贤立本自厚积善延长。新增行第:从三十六世起,诗书礼乐孝友忠良荣华富贵冠冕文章。

潋城杨氏从二十八至三十五世,使用了行第,待到三十六世,则增了新的行第。行第的使用使得家族内部辨亲疏、识尊卑、不混宗族相称,体现宗

---

① 杨绳信:《行第及其演变》,《西北大学学报(哲学社会科学版)》1994年第2期。

族关系。

  凡例,亦是对敬宗收族的具体实践,主要阐明族谱的纂修缘由、修谱经过、家谱的渊流传承以及谱学理论等。① 凡例一方面注重血亲传统的纯洁性与传承性,另一方面则通过这种血亲传统的追寻,达到联络族众、壮大宗族势力的现实目的。《潋城杨氏族谱》的凡例原文如下:

  谱者布也,所以布列宗支,旁及姻党。支图仿欧苏二公式,五世一提,直下者为父子横列者为兄弟,长子继父一线直落,余子向左,次第并列,大书其名,细书其字,凡有官爵及列胶庠者皆书。书娶某氏,某生卒、坟茔、子女,俱载世传庶支图,秩然不紊目。世传书名、书字、官爵,凡列胶庠者皆书,有事迹者书事迹,照例生不立传,书生卒,书娶某氏,有节烈者,书节烈,某氏,书生卒,书葬某处,书生几子,几女适某处,某人继娶、书继娶,有侧室,书侧室,使后世之人一目了然。无子者,当以兄弟之子继之,其子之名仍书于本生父母之下,注明出嗣某公,某公名下亦书继子之名,只注嗣子两字。如无继者不必书,无子嗣书止等字,以俟异日择昭穆相当者继之。名讳不宜干犯,不讳嫌名,二名不偏讳,至圣讳、庙讳尤宜敬避。

  从该凡例可知,民间家族修纂族谱的基本原则,主要通过族规和修谱的凡例体现出来。虽然各家族的族规和修谱凡例不尽相同,但这些族规和修谱凡例所共同强调的一个核心精神,就是敬宗收族。②

三、结　　语

  通过以上对始祖、开基祖、其他先世以及对编纂目的的不断强调、记忆,可看出家谱修撰的过程亦是一个可以诠释、再造历史和文化的过程。族谱修纂者在着手编修族谱时,标榜着以血缘为核心旨在敬宗收族的修谱原则,但是在具体实践这一原则时,往往存在着变通。其中《潋城杨氏族谱》对始祖和开基主的反复提及、称引就说明了族谱的纂修是诠释、再造历史和文化的过程。族谱的修撰固然是为了清理家族内部的渊源血缘,但是如何提高家族的血缘自豪感,从而使本家族在社会上更具有高尚的地位,却直接关乎

---

① 陈支平:《福建族谱》,福州:福建人民出版社,1996年,第28页。
② 陈支平:《福建族谱》,福州:福建人民出版社,1996年,第54页。

到家族在现实社会中的兴衰荣辱。于是,在这原则与现实的矛盾中,现实的需求往往突破原则的界限,从而使祖先的寻觅,蒙上了尊严与神秘的色彩。① 其结果就有可能在相当大的程度上赋予族谱中所记录的内容以某种虚拟的性质。② 不论虚实与否,通过对祖先的记叙,缅怀其功德,使得杨氏子孙受到教育,达到敬宗收族的目的。

  族谱纂修者一般是已经融入国家体制和精英阶层的宗族领袖,对于国家政治行为和文化教化也采取了主动迎合的策略。③ 通过不断的修纂族谱及年复一年的祭祖等仪式,敬宗收族的目的得以在现实生活中实践。潋城杨氏编纂祖先传说、宗族源流,撰写宗族杰出人物的传记构建起宗族的历史和文化的记忆体系,由此,一条自宋绵延至今的历史线索被建立起来,对于杨氏族人来说,这样的历史将被整个宗族铭记,成为集体记忆的一部分。④

---

① 陈支平:《福建族谱》,福州:福建人民出版社,1996 年,第 93 页。
② [日]濑川昌久著,钱杭译:《族谱:华南汉族的宗族·风水·移居》,上海:上海书店出版社,1999 年,第 17 页。
③ 王勤美、张应强:《文本书写与行动策略:以贵州苗人土司家谱〈龙氏迪光录〉为中心的探讨》,《北方民族大学学报》2016 年第 2 期。
④ 叶梅生、张先清:《太姥文化:文明进程与乡土记忆》,北京:商务印书馆,2016 年,第 900 页。

从西昆《孔氏族谱》探究孔氏宗族的历史及其文化功能

巴责达

宗族族谱"作为一种理想的、为把握过去状况而服务的资料"[1],是记载宗族血缘延续和族规的历史文献,其用意可以追源溯祖,明晰族众交往。族谱还以世系类表为经,各世人、事、物为纬,对宗族历史与发展进行极为详细的记述,其中包含诸多历史与文化要素。同时通过对族谱的修订,可记录本族列祖列宗诸如科举、仕宦和受褒奖情况,甚至族产、祖茔、祖宅等,具有约束族人、教育后代、传播伦理、稳定社会秩序等功能。[2]

位于福建省福鼎地区的孔氏南宗分支——西昆孔氏,历经数百年,对地域社会文化发挥着重要影响。2016年12月1日,第14届摩纳哥国际电影节落下帷幕,纪录片《孔子的村庄》荣膺该电影节的最佳纪录片奖,这是中国纪录片首次问鼎该项荣誉,而该纪录片正是记录了福鼎西昆孔氏在该地的文化传承与风俗仪式。对于西昆孔氏来说,"孔子后裔"的身份光环,既有过荣光,也带来过困扰,身份下的家族命运在历史长河中不断更迭。尽管西昆孔氏在福鼎地方社会拥有较强的社会功能与文化价值,但相关学术研究极为缺少,故而本文拟从其族谱资料入手,分析该宗族在地域社会中的移居历史与文化功能。

---

[1] 濑川昌久:《族谱:华南汉族的宗族·风水·移民》,上海:上海书店出版社,1999年,第1页。

[2] 庞国凭:《谈宗族文化》,《中国地方志》2005年第5期,第33页。

一、西昆孔氏的移民历史与族谱记述

孔氏支系众多且子孙绵延,"世居曲阜,流寓天下,人丁数万"①。位于山东曲阜的孔庙、孔林、孔府是世界各地孔氏后代的心灵家园与祖先寓所。经过数千年的发展,在孔氏集中的部分地区,形成了较为集中的孔氏宗派,属于南宗孔氏的西昆孔家,便是福鼎地区孔子文化的重要代表。

查阅西昆孔氏族谱可知,其多数资料皆参考、补充来自《镇江孔氏合修宗谱》,由此推断其为镇江孔氏后裔,而镇江孔氏又属衢州孔氏南宗后代。从历史追溯而言,南宋初年,孔子第四十八世嫡长孙孔端友率部分族人扈跸南渡,绍兴六年(1136)"诏权以衢州学为家庙"②,衢州便成为孔氏子孙世代居住、奉祀之地。"携取鹤归清献里,载将书入仲尼家"③,衢州于是便有"仲尼家"之称,被南宗后裔看作孔子第二故乡、孔氏家族第二圣地,史称"东南阙里"。后有衢州孔氏南宗在镇江形成支系,成为西昆孔家最为直接的宗族来源。

在西昆孔氏宗谱中记载着这样一段移居故事:明洪武元年(1368年),孔子第五十五世孙克伴,为江苏镇江丹徒人,16岁报壮丁,挑入汤和麾下,官升右卫总旗,征战福建,其间被敌军围困三天三夜,最终阵亡,录军功世袭右卫总旗。根据孔克伴临终遗言,其侄孔希顺于洪武十三年(1380年)袭补福建建宁右卫总旗,此后屯兵长溪柘洋里,并治水患,而家于东峰;后由霞浦东峰转迁福鼎流江,并受当年福宁府委派,到如今福鼎市的沙埕镇流江一带任职位很小的地方官。由于他的四个讨海为生兄弟均命丧海水,于是这个老五发誓不再与海水打交道,遂迁到四面环山、水秀山清的西昆居住,并在此繁衍生息,逐渐成为当地望族。④

值得关注的是现存于西昆孔氏一份自山东的手抄"字行辈分表":"……蒙历代颁布定吉字,永远遵依挨辈取名……凡不循世次,随意妄呼者,不准入谱。"⑤表中依次罗列了明洪武十三年(1380年)、清康熙四十二年(1703

---

① 福鼎西昆孔氏《西昆孔氏合修宗谱》,年代不详。
② 天启《衢州府志》卷《人物志一》。
③ 嘉庆《西安县志》卷《寓贤》。
④ http://blog.sina.com.cn/s/blog_63ff1ad90101xrfb.html,2018/2/4,22:40查阅。
⑤ 福鼎西昆孔氏《西昆孔氏合修宗谱》。

年)、道光元年(1821年)及民国九年(1920年)所有钦定和提请钦定的字行共50个,即:

希言公彦承,弘闻贞尚衍,兴毓传继广,昭宪庆繁祥,
令德维垂佑,钦绍念显扬,建道敦安定,懋修肇彝常,
裕文焕景瑞,永锡世绪昌。

如此可知西昆孔由镇江孔氏而来,且属于孔氏南宗支系,正统性与延续性特征明显。故而西昆孔家经过700年的移民发展,在当地形成了典型的闽东传统宗族型聚落,其所承载的儒家文化、孔氏精神被后世冠以"江南孔裔第一村"和"福建省历史文化名村"的美誉,甚至流传着"北有曲阜,南有西昆"的说法。

仔细研究西昆孔氏族谱,我们发现其族谱编撰工作并非是在移居之初就进行的,而是在迁移、定居于西昆一段时间后才开始编纂,而该时期的西昆孔氏也已具备有一定的宗族规模。而同样对族谱的研究,可以对区域内的"人口流动的动态分析,甚至对政治史上和其他领域中的重要人物出身予以考察"①。在西昆孔氏族谱中也充分反映着包含移民史、族规、家训、碑刻等诸多历史信息。正如日本学者濑川昌久所言,"族谱的本质是追溯性的时代产物"。

一般而言,宗族族谱每隔一段时间需要重修,且"修谱的间隔由于受到一个世代的年制所限,通常为三十年,通常不允许超过次年限,如超越时现象,也只限于不得已的场合"②。现存的西昆孔氏族谱也是进行过多次"重修"才成为较为完善的族谱记录。并且历次重修都有严格的要求,主管人员的选派也由族人举荐德行高尚的人而产生。如西昆村孔氏在乾隆三十年的《镇江孔氏重修族谱序》中记载"今夏四月,吾家续修族谱,工将讫,诸宗人则问叙于余,余名微德薄,适当小修之期,而亟为大修之举"③,记录了本次修谱的具体时间,主管该事务是族人由举荐产生;而该次修谱为小修,是为未来大修而作准备。为保证修谱事宜的顺利进行,除了"需要考虑经济状况、人才条件、宗族内部的和睦程度、印刷技术的普及等,基于'名誉欲、利害关

---

① 濑川昌久:《族谱:华南汉族的宗族·风水·移民》,上海:上海书店出版社,1999年,第3～4页。
② 多贺秋五郎:《中国宗谱》,北京:中国社会科学出版社,2008年,第57页。
③ 福鼎西昆孔氏《镇江孔氏合修宗谱》,年代不详。

系、对抗意识'和'族人共同利益'等均在主观愿望上发挥重要作用"[1],且凡未经过宗族组织认定的修谱行为皆视为无效,通过此类诸多因素影响族谱修缮的成功与否,保证着宗族谱例的正统性。

在族谱中最为重要的便是针对世系的记录,可以族谱为媒介了解地方社会宗族之间的联合与纽带关系,以及他们内部所形成的分支和阶层。居住于一个聚落内所形成的自律性群体在不断地繁衍与扩展中,所展现的是世系群中祖先的血脉与联络。因而西昆孔氏从其本质而言是由镇江孔氏的分裂世系群所形成,而镇江孔氏又属于南宗孔氏,亲属关系可追至曲阜孔氏的血脉之中。族谱的修缮与记录使得祖先认同与宗族团结实现完美统一。

族谱中除包含对族源、祖先的记录外,其中的族规是"规范族众立身行事的法规制度,包括族训、族礼、族纪、族法等",对宗族社会管理与规范有一定的意义。族训也称祖训、家训,是"本族先贤教导族人如何做好人的语录,内容包括孝父母、和夫妇、勤读书、尚节俭、惩赌博、去奢侈、诫懒惰等"[2]。西昆孔家以"千支孔氏唯一家",与山东孔氏家训统一,共同遵守孔子第六十三世孙孔尚贤颁布的族规《孔氏祖训箴规》,以规范族人言行。其告知后代要"为子孙者,勿嗜利忘义、出入衙门,有亏先德",塑造出了族人温文儒雅、质朴正直的品格,也塑造了孔氏族人崇德尚勤、廉洁礼让的风尚。而"祖训家规,朝夕教训子孙,务要读书明理,显亲扬名,勿得入于流俗,甘为下人",则再次提醒后人重视教育,以国家使命为己任。西昆孔氏对于《孔氏祖训箴规》的遵从规范了族人为人处事的生活准则,在家庭中要求子孙常怀敬畏之心,祭祀祖先,不忘其本。在个人行为方面,则强调面对利益勿嗜利忘义,辱没祖先。在担任管理公职中要秉承克己秉公、以德教化的原则,身体力行去践行孝、悌、忠、信、礼、义、廉、耻的"八德"思想。以此西昆孔氏秉承儒家思想,被清乾隆皇帝钦赐"至圣裔"的匾额,均与西昆孔氏的家风、家规紧密相连。

在族谱中,一些名门望族为增加宗族声望,会请名人题辞或记载历代皇帝的褒奖,包括各种敕书、诰命、御制碑文等。同样在西昆孔家所提供的《镇江孔氏合修宗谱》中也收录了大量诗赋、碑刻与楹联,共同表达了后世和当

---

[1] 濑川昌久:《族谱:华南汉族的宗族·风水·移民》,上海书店出版社,1999年,第9页。

[2] 庞国凭:《谈宗族文化》,《中国地方志》2005年第5期,第35页。

代对孔子及其后代的敬仰及称赞。宋代诗人鲜于侁所创《九诵·孔子》中的"升堂而北而兮望冕旒之巍巍,惟神明之降鉴兮洞精神其来歆"①的佳句是对孔子思想高度概括与赞扬的诗词之一。宋代王安石所写的《孔公墓志铭》对孔子作为"万世之表"进行了高度评价,并由此阐发出由儒家文化所展现对国家、社会的职责与使命。而因儒家思想被历代王朝的推崇,如《明宪宗皇帝御制重修孔子庙碑》中"是以生民之休戚系焉,国家之治乱关焉,有天下者,诚不可一日无孔子之道也"②,突显着儒家文化与封建王朝的紧密关系,"仁、义"之道被高度褒奖。

二、西昆孔氏的文化内涵与文化功能

西昆孔家由镇江孔氏分支迁徙而来,是孔氏南宗的重要分支族系,其所经历的"孔氏南渡"历史,无论在孔氏家族史上,还是在中国思想文化史上,都有着特殊的意义。"南宋初年,孔子第四十八世孙孔端友率部分族人扈跸南渡,历尽坎坷,最终定居于浙江衢州,以此孔氏南宗从此建立,被视为孔氏家族的第二圣地"③,史称"东南阙里"。而在历史长河中,孔氏后裔在广大的江南地区衍生出众多支派,而西昆孔氏便是其中的重要一支,并成为孔氏宗族在闽东地区具有特殊地位与影响的重要组成部分。西昆孔氏在继承孔氏北宗与孔氏南宗的基础之上,创新传统文化形态,积极与闽东地区文化相融合,加之其早年受江南镇江孔氏的影响,多种文化相互促进、互相影响,由此形成了内涵深厚、特色鲜明的西昆孔氏文化,是闽东地区儒家文化的重要内核之一。故而从文化内涵上透视"其文化的本质特征在于它是宗族文化、地方文化、政治构建与社会调控的有机统一"④,西昆孔氏文化的形成也是孔氏南宗自身的积极有为、适应社会文化环境、历代政府的高度推崇以及地方社会崇敬仰慕之四股力量汇聚的结果。

---

① 福鼎西昆孔氏《镇江孔氏合修宗谱三卷》,年代不详。
② 福鼎西昆孔氏《镇江孔氏合修宗谱》,年代不详。
③ 吴锡标:《孔氏南宗的文化内涵及其传承机制》,《探索与争鸣》2012年第11期,第86页。
④ 姚智赟:《宗族、信仰与族群认同建构——甘肃省东乡族自治县唐汪川人的民族志研究》,上海大学博士学位论文,2017年,第23页。

（一）作为宗族文化的西昆孔氏文化

从宗族文化而言，西昆孔氏在文化上不仅是孔氏宗族文化的一种表现形式，更是其在中国社会、思想与文化史上的独特形态，由此也具有特殊的意义和价值。西昆孔氏的宗族文化不仅具有中国传统宗族所具有的共性意义，更具有一定的典范。"他们一方面保持了传统孔氏北宗的传统宗族形态，另一方面因时因地制宜，与福建文化相结合创新宗族活动形式，从而不断丰富西昆孔氏宗族文化内涵"。①

为保证西昆孔氏宗族文化的传承，孔氏族人大力发展地方族学，积极继承孔氏家族深厚的诗礼教育传统，并要求子弟"读书以明理、修身以养性"，以此作为孔氏南宗在闽东地区得以发扬光大的有效途径，在当地营造"俗敦礼让，犹瞻阙里，衣冠彬彬乎邹鲁之遗风"②，以此继承山东孔氏重视教育的遗风。尽管西昆孔氏远离山东儒家文化的核心区，但是对于尊师重教，对于文化教育的培养，依旧延续着孔氏家族几千年的风俗。据当地人传说，旧时在西昆村中有一块孔氏置办的"书灯田"，其田地收入专供老师和学生读书费用。该举措也推动了西昆孔氏欣欣向学的文化传统，从清乾隆至宣统年间家族中共培养出贡生4名、廪生4名、太学生1名、国学生7名、庠生21名。可以说，西昆孔氏在宗族事务活动中均受到传统儒家思想的深远影响。在底蕴深厚的族学熏陶下，西昆孔氏继承孔氏传统，涌现诸多贤才，不愧"出士类增美士林，可作千秋冠冕"的美誉③。族学教育成为西昆孔氏在闽东地区传承儒家文化长盛不衰的精神动力。

同时西昆孔氏以《孔氏祖训箴规》为纲领性指导，不断规范族人行为，使其严格遵守，以此推动西昆孔家在宗族文化中实现社会化的过程。孔氏家族由于其在中国道统文化中的重要地位，故而其祖训、家规已逐渐成为历代王朝统治者推崇的典范，"使君君、臣臣、父父、子子、夫夫、妇妇，各得以尽其分，与天道诚无间焉"④，以此得到朝廷的重视和优待；而"崇儒重道，好礼尚

---

① 吴锡标、张慧霞：《孔氏南宗的符号特征与文化意义》，《浙江社会科学》2010年第7期，第90页。
② 福鼎西昆孔氏《西昆孔氏合修宗谱》，年代不详。
③ 吴锡标：《孔氏南宗的文化内涵及其传承机制》，《探索与争鸣》2012年第11期，第88页。
④ 福鼎西昆孔氏《镇江孔氏合修宗谱》，年代不详。

德"的家风,使该族在当地社会弘扬儒学、推行教化等活动扮演着重要的文化功能。

(二)作为地方文化的西昆孔氏文化

正如研究者所指出的,"从地方文化的视角着眼,西昆孔氏文化很大程度上代表了福建地方的文化特色,反映了闽东地区的人文传统和地域精神风貌,是地理环境、风土人情、文化传统、外来力量推动等因素合力作用的结果。同时'政治—伦理'原则是孔氏文化长久以来成为中国正统文化的重要内核之一,与闽东文化实现互融性。而西昆孔氏以儒家文化精神及多方实践,尤其是其经世致用、务求实效的治学宗旨,对福建东部地区的文化产生了积极的推动作用。"①

由于孔子在中国思想文化史的特殊地位,孔氏后裔移居西昆后,为当地增添了丰富而深厚的人文意蕴,推进了地方社会的文化构建。他们与叶氏、王氏等当地望族共同在维护地方社会稳定及创造淳朴乡俗方面也发挥了重要作用。西昆孔氏如有族人担任朝廷官职或地方官吏,往往恪尽职守、尽忠效国,未出仕者则乐善好施、慷慨好义。可以说,西昆孔氏所遵守的"孝""友"之义,对当地士民产生了潜移默化的影响,推动了当地民风习俗的改善。而在西昆孔氏宗族中,传统的孔氏仪式依旧被延续。每年的祭孔仪式,西昆孔家均会如期举办,并引来周围族姓前来围观、效仿。由此祭孔仪式在宗族内的举办,不仅可增加孔氏宗族的凝聚力,还推动了地方文化、民间风俗与儒家文化的有机结合。

西昆孔氏对于促进南宋以后的南北文化融合具有重大意义。随着大批北方士人南迁,这也正是历史上南北文化相互融合的过程。而在此过程中,融合与碰撞、矛盾相伴而行,"一方面,崇尚伦理、诗书传家等传统对当地社会产生了潜移默化的影响。另一方面,北方文化积极吸收南方文化特点,在推动儒学发展演进的同时,形成了别具特色的南方孔氏文化,从而也推动了儒家文化在南方地区的发展与传播"②。随着孔氏族人移居到闽东地区,也

---

① 吴锡标:《孔氏南宗的文化内涵及其传承机制》,《探索与争鸣》2012 第 11 期,第 87 页。
② 吴锡标、张慧霞:《孔氏南宗的符号特征与文化意义》,《浙江社会科学》2010 年第 7 期,第 93 页。

将儒学文化带入到了乡土社会层面,通过西昆孔氏在地方社会的影响以及当地人对于儒家思想的推崇,原本来自中原地区的儒家文化也逐步得以发展。可以说西昆孔氏是传统儒家文化与闽东地区文化相融合的重要体现。

(三)作为社会调控的西昆孔氏文化

西昆孔氏文化以儒家思想为根基,对西昆乡土社会的主流意识形态和核心文化价值理念培植等均有一定的积极影响,而儒家所构建的仁义社会思想也由此得到发扬。闽东地区因自然环境、海洋生计方式等因素影响,造就当地人拥有勇于挑战、迎难而上的品质,也容易形成乐战、好胜的性格弊端。加之传统中国社会官民关系的矛盾对立较为普遍,由此官民之怨极易引发群体性事件的产生,从而为地方社会治理带来挑战。

在传统治理体系中,"官民相得"成为维系社会稳定和地方社会正常运行的指导思想。而儒家思想所构建的理想范式,成为历朝历代将儒家思想置于高位的因素所在。西昆乡土社会借助儒家思想来维护乡土秩序的案例,为地方社会调控提供了有益思路和参考。通过构建儒家礼制发挥社会调控的功能,从而引导社会关系稳定和谐、官民关系趋于良性的状态。儒家思想借"明人伦,美教化,移风俗,治隆平"以教育普通百姓,在价值观体系中提倡、发扬"仁""礼"之道,进而创造一种和谐的社会关系范式。

思想上的统一与调控,还需以物化象征作为手段。而文化景观的建造便是文化内涵的展现。孔氏族人在西昆依照儒家礼制所创制的孔子建筑群,不仅是孔氏宗族祭祀的物质依托和精神象征,更是对儒家思想的直观展示,其目的在于从思想到物质的转化、观念到实物的转向来实现儒家思想对地方社会在社会凝聚和社会调控所产生的正向影响。而定期的祭孔大典的举行,更是将传统儒家礼制秩序在乡土社会中直接呈现与实践。由此可见,孔氏族人不仅通过祭祀仪式来实现宗族团结和凝聚,其所赋予的儒家思想和价值体系也得以潜移默化根植于地方社会之中。总之,借助儒家思想、孔氏建筑群、祭孔仪式这一三位一体的方式,西昆孔氏得以在地域社会层面完成了对儒家思想继承及加强社会调控的目的。

三、结 语

综上所述,西昆孔氏文化是孔家在不同历史条件和环境下与闽东地方文化不断融合、创新与发展的产物。对诗礼文化的传承,推动了西昆孔家的宗族管理与宗族发展,培育了一批崇尚儒学的宗族后代,使西昆孔氏文化成为当地儒家文化的重要组成部分。更为重要的是,西昆孔氏文化既是一种宗族文化,也是一种地域文化,它所蕴含的丰富文化功能,在当前地方社会文化的发展发挥着积极影响。

从《玉塘夏氏族谱》看明清之际东南沿海堡寨社会的形成

张 敏

明清之际,东南沿海一带屡遭倭寇的侵扰和海盗的劫掠,出现了许多以乡族名义自筹自建的私筑土堡。明清时期福建乡村土堡的筑建,尤以一姓共筑的形式最为普遍。这种防御性的聚落,以宗族与乡里作为聚合的纽带,具有明显的血缘与地缘相结合的特征。这些土堡,是中国封建社会晚期农村社会的产物,具有很高的文物价值。[①] 当前我国正处于高速发展之际,大规模建设突飞猛进,城镇化进程迅速地改变着城乡面貌,传统的乡镇村落,正面临着解体的边缘,现存的大量土堡遗迹也正处于衰败之危。在这样的背景下,记录、整理和保护堡寨这类正在消失的乡土建筑就显得十分必要。本文旨在从《玉塘夏氏族谱》中挖掘出宗族建筑城堡的实践,分析玉塘城堡的特征,并尝试探索在明清动乱之际东南沿海堡寨型社会形成的内在机制。

一、玉塘城堡概况

玉塘城堡,旧名"塘底堡",位于福建省福鼎市桐城街道玉塘村。明嘉靖三十九年(1560年)为抗倭而筑,是福鼎保存较完整的古堡之一。古堡遗址平面呈方形,北侧顺山势突出,南面沿海环绕,城墙属花岗岩砌成。总长874米,高3.6米,厚3米,有东、西、南三门。西门和南门拱形,高3.5米,宽3.1米,进深2.6米;东门为方形高3米,宽1.7米,进深1.7米。堡内明清

---

① 杨国桢、陈支平:《明清时代福建的土堡》,《中国社会经济史研究》1985年第3期,第45~57页。

古居,古色古香,布局合理,山墙多变,灰墙黑瓦,古朴大方;古街古巷,卵石铺地,设有七巷、七井;街傍城边,门窗梁栋,精雕细刻,是典型的南方民居。玉塘城堡于1989年被公布为第一批县级文物保护单位。

玉塘城堡像母亲的手臂一般,紧紧地将玉塘村籀在怀里。城堡城墙由大至斗小到拳头一般的海边鹅卵石垒成,环绕全村,建有数垛女墙,三座敌楼,东西南三城门,成为抵御外敌的一道天然保障。《会稽郡夏氏族谱·玉塘新序》①对玉塘城堡做了这样的概述:

> 玉塘,濒海也。明嘉靖年间,倭寇猖獗,蹂躏沿海,遍州为壁,固险以捍敌计。于嘉靖三十九年(1560年),安山、维山诸公聚众族子弟谋,建环绕六百四十八丈,高二丈,址厚有奇,袤二百一十丈的玉塘城堡。登城眺望,或赞且贺,外以束海门之襟喉,内以萃境中之淑气,负山崖而阻江潮,当其汹涌澎湃作我濠堑,盖屹然一保障。

对于这座城堡,400多年来,夏氏的子孙都以景仰之情,默默地在感受着其先祖留下的这一丰功伟绩。在《会稽郡夏氏族谱》中保存有一篇"玉堡凝霞"的诗文:

> 紫色遥联翠巘通,岚光销住玉塘中。
> 蔚然一缕暮天霭,孤鹜齐飞集海东。

二、族谱中所见玉塘城堡的筑造、历史与风水

《易》曰:"王公设险以守其国,筑城凿池所以固封守,亦以护吾民也。"《礼记》曰:"城郭沟池以为固。"中国古代的城也叫城池,城为城墙,池为护城河,还泛指城邑,主要由官方建筑。"堡"主要是仿造城池建筑的军事防御工事,有的由军队建筑,有的由民间建筑。② 陈名实在《闽台古城堡》一书中,将福建乡村的土堡建筑类型分为三种。第一种是围城式,这种土堡因其规模宏大,工程浩巨,非巨乡大族不能措办。从军事的观点看,土堡之内为本乡族的居民点,人力物力较雄厚,可供长期支持,但因城墙过长,遇敌固守难免有疏漏之虞;第二种是碉堡式。即各乡族中人根据各自居住自然村落的位置和地势,在认为险要的地点建筑坚固易守的土堡。族人平时无事时各

---

① 福鼎《玉塘夏氏族谱·玉塘新序》,2008年。
② 陈名实:《闽台古城堡》,厦门:厦门大学出版社,2015年。

自在家,一遇事变,便阖族避入土堡,土堡内设有临时的居住生活设施以及必要的武器装备;第三种是家堡合一式。这是一种把御敌的堡垒建筑和乡邻族人的居住建筑有机地结合起来的土堡。从外表上看,俨然是一派超大型的楼堡,而在其内部,则乡邻族人所居住的房间,依傍着土堡的内墙结构,挨次建造,多者可达数百间,并有"高三层、四层、也有五层,均为族人长年居住之用",一般可容数十人以至数百人。从上述分类来看,玉塘古堡属于围城式土堡。夏氏族谱中有一篇由明代隆庆元年(1567年)夏氏族人所撰写的《玉塘堡记》,记载了玉塘堡的筑造背景。其文如下:

  玉塘,滨海地也,海扬波直薄焉,无藩篱以蔽门庭之寇,谁纠之。嘉靖乙卯(1555年),倭自浙东入,蹂躏遍州境,遇城垒得挫衄免去。秦屿,去吾地不远日者。倭昼夜攻,以有堡攻失利退。而沿海粤区,刻期而筑,无虑数十处,而吾族有避蒲门者,亦回而感激之。

  三十九年庚申(1560年),碧湖公和安山、维山二公聚众族子而谋曰:环山为壁,固险以扦敌,策无善于此者,众诺之。乃拣四房才干者九人,度其基址丈数,高厚周围。费者钜,衰诸族僚,各愿罄私橐,计金近千,遂召匠伐木舆石,下自平原之麓以连高巅,设四厂监工。事在巩固,无苟速成,日凭徒与助役者不下数百人,竭而趋之。袤二百十丈,高二丈,址厚丈有奇,环绕六百四十丈。壁门三,敌楼亦三,女墙数垛。其一门以北,山竣,险失一石匠而罢。既逾载始告竣。事已,乃登城远眺,或赞且贺曰:外以束海门之襟喉,而内以萃境中之淑气,负山崖而阻江潮,当其天凉风急,汹涌澎湃,作我壕堑,盖屹然一保障矣。丁卯州守夏海阳公,讳汝砺,闻而奖论之,拨沙关牙税一百为犒金。是役也,请辑而功有序,大而用有经,于以驱氛孽,奠室家,诚筹海胜算也,虽然吾为族之人告窃有进焉。张虎豹之严关,扼鲸鲵于海,若创之难也,守之亦不易。夫内安斯可攘外,人和得而地利以固,以毋负雉堞楼之壮,则吾子孙累叶保全算矣。①

从上文可知,玉塘堡是嘉靖时期夏氏宗族为防御倭寇而建造的防御性乡土建筑。玉塘,北依山,南面海,易受倭寇或海盗的侵扰,而"无藩篱以蔽门庭之寇"。1555年,倭寇从浙东而来,"蹂躏遍州境,遇城垒得挫衄免去"。

---

① 福鼎《玉塘夏氏族谱·玉塘堡记》,2008年。

可见，当时东南沿海地区许多地方已经建立了城堡。距离玉塘村不远的秦屿也因为修筑城堡，"倭昼夜攻，以有堡攻失利退"，从而免遭劫难。有鉴于此，为保卫宗族子弟的生命财产安全，抵抗倭寇，玉塘夏氏一族开始谋划修建城堡。

倭寇是明代一大祸患，尤以嘉靖一朝最为猖獗。福鼎位于福建省东北部，东南濒东海，东北界浙江省苍南县，西北邻浙江省泰顺县，西接柘荣县，南连霞浦县。明嘉靖年间，倭寇猖獗，也深入沙埕港纵深腹地双屿等地，弄得人心惶惶，民不聊生。福鼎当地各村人民为自卫御倭，纷纷建立城堡。如玉塘、秦屿、屯头、瀲城、沙埕、流江、桐山等地，都是在这一时期建立的。①

嘉靖时期，日本正处于"战国时期"。1467年"应仁之乱"后，室町幕府已无法控制各地的领主，浪人、武士、海盗、奸商、流民在领主支持下向外掠夺。② 而当时的明朝，实行了海禁政策，这一决策给明王朝带来了许多负面影响，正如徐光启《海防迂说》云："厉禁之后，又负其资而不偿，于是楼舡至而索负，且复求通，奸商竟不偿，复以危言撼官府，樱人乏食，亦辄房掠。"③ 而明朝在军事方面，海防弛废，卫所虚空，将士怕死。嘉靖三十四年（1555年）八月，倭寇67人，从绍兴流劫到安徽、南京等地，80天内横行数千里，杀伤4800人，如入无人之境。④ 因此，各地乡民不得不图谋自保。此时期，东南沿海地区一些世家大族纷纷倡导筑造城堡，抵御倭寇袭扰。玉塘堡就是在这样的一种历史背景下建造的。明中叶以后兴起的以家族自卫、防寇御敌为主要目的的家族土堡，到明末清初之际发展到了顶峰。到了清代康熙年间以后，福建的社会趋向稳定，土堡作为防寇御敌的功能逐渐失去意义。⑤ 日月经天，风雨如磐。现存的这些城堡正是明代中后期倭寇烧杀掳掠的历史见证。

玉塘城墙全系石构，北依山、南面海、宽敞辽阔，这些都非常符合城堡选址的基本原则，呈现出夏氏宗族朴素的生态观。首先，北依山。城池北面靠

---

① 福鼎市政协学习和文史资料委员会编：《福鼎文史》第23辑，2004年。
② 陈学文：《明代中叶浙江为御倭而建的城堡——以乐清县为例》，《浙江社会科学》2017年第12期，第132～152页。
③ 徐光启：《海防迂说》，《明经世文编》卷四九一。
④ 陈学文：《明代中叶浙江为御倭而建的城堡——以乐清县为例》，《浙江社会科学》2017年第12期，第132～152页。
⑤ 陈支平：《近500年来福建的家族社会与文化》，上海：三联书店，2011年。

山有诸多好处,如冬天可阻挡北方对寒流,城池朝南可获得充足的阳光,山上的林木可提供城内的燃料,泉水可供城内使用,土地资源也可以利用。到万不得已放弃屋舍的时候,山上还可以作为逃难的好去处。其次,山下有宽阔的台地。在宽阔的台地建城,既干燥舒适,日照充足,又可在城外从事生产。若日后城池扩建,还留有足够的发展空间。①最后,前有河流经过。白荣敏先生在《玉塘珍重》中写道:"山随溪水向东,到这里遇到了海,地势趋于平阔"。乡民引海水为溪,溪水沿山环绕,犹如护城河护着城墙,使城池易守难攻。

土堡风水属于我国古代堪舆范畴,与我国传统古建筑的堪舆一脉相承,需遵循"天地人合一、阴阳平衡协调、五行相生相克"的风水原则。《黄帝宅经》说:"宅以形势为身体,以泉水为血脉,以土地为皮肉,以草木为毛发,以舍屋为衣服,以门户为冠带",概括而形象地喻明了住宅外部环境选择的主要内容。建筑的外形包括"龙、水、砂、穴"。龙脉即山脉,俗称靠山,而且山必须是生态良好。在许多依山而建的土堡后面,都有风水林,一方面是保护靠山,另一方面林木可用作维修。"吉地不可无水",水是生命之源,利于农耕,水又可界分空间,形成和谐的环境围合,也有土堡用沟壑作为另一道防卫的屏障。砂,统指前后左右环抱城市的群山,有设险护卫的要求。风水论穴,亦属譬喻:"盖犹人身之穴,取义至精。"龙、砂、水种种景观意象,皆钟情在穴中,赋予人最丰富的感受,古人挖金井验穴,以验明地基土质和地下水质,以"土细而不松,油润而不燥,鲜明而不暗"为佳,盖为"生气之土"。乡民们在构筑土堡的同时,土堡的选址、朝向、背靠、左护右卫、山势、水流、堡内建筑布局、房间的大小及多少、窗户大小、屋面屋脊、堂楼的高矮等都在风水考虑的范围之内。②玉塘城外坝头溪,旧时沿溪和山坡,多植枫林、乌桕、桂花等,秋日,城堡内外树叶一片丹黄,游鱼飞鸟,景色十分迷人,古称"玉塘秋色",成为"桐城八景"之一。清乾隆二十四年(1759年),福宁知府李拔偕同福鼎知县萧克昌等游览后这样赞美玉塘秋色:

  暑气移金律,秋容满玉塘。断霞回雁浦,残照落渔庄。

  露后黄橙熟,霜前晚稻香。宦游多感兴,鲈脍忆江乡。

400多前的玉塘是一块风水宝地,西北枕连绵苍翠群山,东南看宽阔苍

---

① 陈名实:《闽台古城堡》,厦门:厦门大学出版社,2015年。
② 李建军:《福建三明土堡群:中国防御性乡土建筑》,福州:海峡书局,2011年。

茫海潮，一块小平原浮在山海之间。这山海之间的土地肥沃，鱼米丰足。①土生土长的玉塘人充分发挥自然环境中的石、泥、木等原材料的优势，顺应地势将城堡建成前高后低的形态，古堡内明清古居，古香古色，布局合理，灰墙黑瓦，古朴大方，山墙多变，古街古巷，卵石铺地，街傍城边，水渠川流，与绿色青山融为一体。折射出民间乡土建筑所特有的朴素的生态观和审美观。

三、堡寨聚落与乡族社会

王旭认为，堡寨聚落是以"防卫"为首要目的，将"土"、木、石等原生材料"垒"成坚固墙体，"围"筑于村落外周，并相应地将防御的重视体现于聚落的各个层次，从而使聚落与成员获得安全的庇护。②玉塘村便是这样的堡寨聚落，通过堡墙使得"内/外"分隔，对内体现出安全性，使得村落像一个要塞堡垒，对外则显示突出的防卫性，使得村落变成一个守望相助的乡族社会。

另外，玉塘城堡还是以夏氏一族为主建筑的土堡。"一姓共建"往往是由一个家族共同营建防御性聚落的一种形式。在土堡这一较为封闭的居住空间里，表面看似松散的乡族社会实际上却是相当稳固的社会团体，其社会内部共同的生活、共同的利益等，再加之彼此之间有着血缘与地缘关系，因为互相产生情感和心理上的认同，从而产生一种强烈的内聚力。

宗族意识在城堡建筑时常常会起到关键性的作用，而反过来，堡寨聚落的建造往往也会加强宗族关系，强化一个家族的宗族意识。《夏氏族谱》中保存的一篇"宗祠志"提到了夏氏宗祠兴建的背景：

> 尝闻古之君子将营室，宗庙为先，古之宗庙，今世祠云。盖所以报本反始，尊祖敬宗，实有家名分之首务，开业传世之本也。吾族旧祠建于城中，基在坤之高房前面而规模浅狭，旅拜庭下者勿能为列，恐祖道不崇具文而未称也。

可见，宗祠是宗族人员祭祀祖先、制定族规的重要场所，也是宗族中商

---

① 白荣敏：《太姥记忆》，福州：海潮摄影艺术出版社，2009年，第74页。
② 王旭：《传统堡寨聚落研究——兼以秦晋地区为例》，天津大学博士学位论文，2004年12月。

议重要事务的地方。祠堂是一个宗族的象征,往往是一个宗族的中心,为了增强本族成的宗族意识,增加本族的凝聚力,各宗族对于祠堂的建设都非常重视。由玉塘全景图(图1)可以看出,夏氏宗祠处于玉塘城堡的中轴线位置,这也反映了宗族认同感是这类堡族型社会的核心内容。

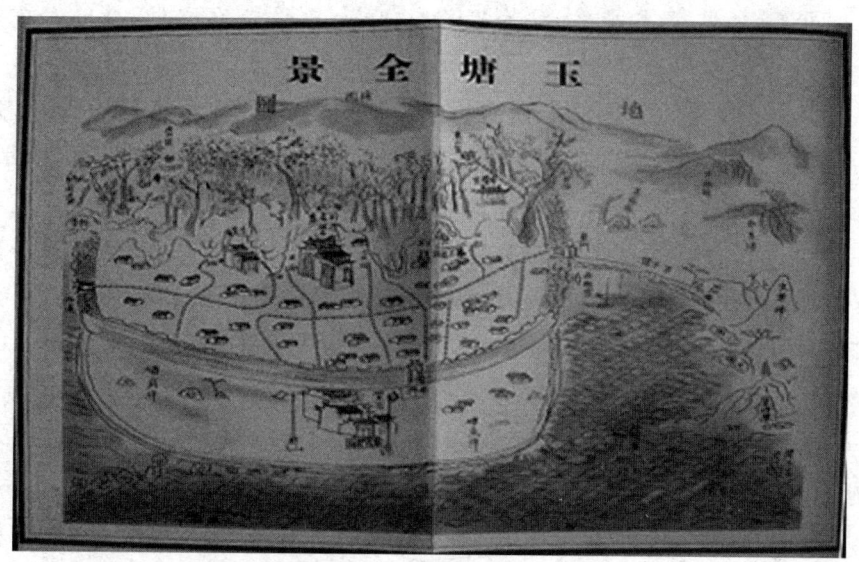

图1 玉塘全景

明清两代福建的土堡,"有官建者,有民筑者",官筑土堡无疑是为了强化统治。而玉塘城堡是民间建筑的土堡,这种民间私筑土堡,是与明清时期福建各地的乡族势力紧密地结合在一起的。换言之,这些民间堡群的最大特点,是由福建地方各个乡族集团所修筑。因为土堡修筑之初,其直接目的是为了保卫乡土,这就使得土堡的建筑具有明显的地缘关系,再加上明清时期福建农村宗法制度的牢固,从而使这一时期土堡的建筑具有十分明显的地缘与血缘相结合的特征。① 玉塘城堡就是一个典型的例子,它深刻地体现了堡族一体的乡土社会特点。

在修建土堡的过程中,乡族社会的精英群体起了重要的作用。玉塘城堡的修建,就是由碧湖公和安山、维山二公率先倡议。《会稽郡夏氏族谱》中

---

① 陈支平:《近500年来福建的家族社会与文化》,上海:三联书店,2011年。

盛赞了碧湖公、斗山公、维山公等祖先的筑堡义举：

> 第六世祖孟房碧湖公，豪迈有侠气，首倡建玉塘城堡。斗山公气宇恢弘，才识并茂，与碧湖公同建玉塘城堡，建玉塘西山宫，建造古岭香山亭，乐善好施而不倦。帮灿公同筑玉塘城堡以御倭夷，绘墓舆和玉塘景图，不受报谢，平生行善……维山公倡筑玉塘城堡，公少年入泮①，为玉塘开科首士，撰玉塘堡记，著艺文卷，明示艺文志，传名迹，应追述功德，非一文一词以炫而誉。

由上可知，夏氏各位祖先在明嘉靖三十九年共同兴建玉塘城堡。谱中所记碧湖公、斗山公、帮灿公、维山公都对玉塘城堡的修建有重大贡献，是典型的"地方精英"形象。他们凭借着功名、学识或财富而成为一村一族之望，推动着地方公益事业的发展，如修路补桥，办教育，兴实业，办慈善救济，主持节令庙会，维持治安等。② 一方面，他们与本村村民同属一个宗族，与乡民之间存在着血缘和地缘关系，是地方利益的代表者；另一方面，他们在官府与民众之间扮演着"中间人"的角色。明清时期，国家权力的行使一般到县级政权为止，县级以下的乡村实行自治，即所谓"国权不下县"。③ 在国家权力无法完全伸入乡土社会时，"天高皇帝远"，国家便"无为而治"，把乡土社会中人民切身的公事让给费孝通所谓的"同意权力"去活动了。④ 于是，乡族社会里的精英群体便制定乡规民约，带领乡民修建城堡、修路建桥，甚至与乡民一同抵御外敌，他们的声望和经验促使他们在村落事务的运作中充当领导角色。值得注意的是，玉塘城堡的修建得到还曾受到当地官府的赞许和奖励，《会稽郡夏氏宗谱·玉塘堡记》云："丁卯州守夏海阳公，讳汝砺，闻而奖论之，拨沙关牙税一百为犒金。"当地官府对这座民间私家土堡予以支持，无疑巩固了这些乡族精英分子的地位，提高了他们的声望。

像玉塘城堡这种带有防卫型军事设施性质的土堡，对于巩固家族制度无疑起到了重要作用。但是，从乡族土堡和社会的关系而言，这种以血缘关

---

① 入泮，清代称考取秀才为入泮。
② 费孝通、吴晗等著：《皇权与绅权》，上海：华东师范大学出版社，2015年，第118～120页。
③ 徐祖澜：《乡绅之治与国家权力——以明清时期中国乡村社会为背景》，《法学家》2010年第6期，第111～127页。
④ 参见费孝通：《乡土中国》，北京：北京大学出版社，2012年，第99～104页。费孝通所说的"同意权力"，是相对于横暴权力的一个概念，同意权力的基础是社会契约。

系和地缘关系相结合的家族土堡,有时也会成为乡族割据一方、宗族械斗的坚固堡垒,陈盛韶在《闽俗录》①中指出了东南一带土堡的这一变化:

> (诏安)四郡之民,筑土为堡,雉堞四门如成制,聚族于斯,其中器械聚备。二都无城,广筑楼,楼高数仞,直上数层,四面留空,可以望远。合族比栉而居,由一门而入。门坚如铁石,器械毕具,一大疾呼,执手蜂拥。彼众我寡,则急如闭门,乞求别村,集弱为强。其始由倭寇为害,民间自制藤牌、短刀、尖挑竹串自固;后缘海寇不靖,所民御侮,官不为禁,至今遂成械斗张本矣。江林沈程许徐斗案,死者数十人,张、胡两村斗几百余年,田地荒芜,死者更仆数。

四、结　语

自魏晋南北朝以来,我国的南方逐渐得到了开发,中原地方居民在战乱的逼迫下,屡屡南下,他们每每统率宗族乡里的子弟一同移徙,"在当时的困难交通下,加强了相互扶助,巩固了血缘关系。当其在新垦地定居下来时,又为从事生产,防御外敌的入侵,常采取军事的组织,所以中国的聚落形态,其名为坞、堡、屯、寨者,无不带有浓厚的军事的、战斗的性质。"②近千年来,虽然这些中原移民早已成为福建的土著,但聚族而居的习俗却一直沿袭下来。福建临山濒海,倭寇骚扰在明一代,始终存在,时张时弛,嘉靖时期尤为猖獗。然"皇权不下县",况且在倭寇盛行时期,地方政府自顾不暇,城池衙门也朝不保夕,土堡便成为乡民的"救命稻草"。这种不安定的社会因素,客观上使得福建农村加固了乡族关系,无论是乡族内的精英分子,或是贫苦农民,他们都希望利用乡族的力量,筑堡自卫,玉塘城堡就是在这样的历史背景之下而产生的。

嘉庆年间《福鼎县志》中记载的城堡就有20余座③,玉塘城堡就是其中之一。玉塘城堡是以宗族血缘关系为纽带、民间宗族自筹自建的围城式土

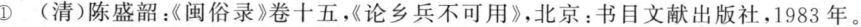

① (清)陈盛韶:《闽俗录》卷十五,《论乡兵不可用》,北京:书目文献出版社,1983年。
② 傅衣凌:《论乡族势力对于中国封建经济的干涉——中国封建社会长期迟滞的一个探索》,《厦门大学学报(社会科学版)》1961年第2期。
③ 县志中记载的城堡分别是:前岐堡、南崎堡、蔡澳堡、窑口堡、巽城堡、水澳堡、官城堡、甘家岐堡、南镇上澳堡、澳腰堡、黄崎堡、屯头堡、小筼筜堡、大筼筜堡、石兰堡、藤蘺堡、沈青堡、塘底堡、留江堡、小兰堡。见嘉庆《福鼎县志》卷一,《城池》,第107～114页。

堡。它的实质,是模仿城池、山寨制度、外筑墙郭,内存家室,在财力可及的前提下,以一家、一族、一村之力共同修建,以达到御寇、保境、持家的目的。城堡的位置,也跟整个家族地势有着密切的关系,夏氏宗祠位于玉塘城堡中轴线上,里面的屋舍前低后高,因为风水讲究"前低后高,子孙英豪",明清两代福建的土堡既为乡族势力集团的产物,那么土堡的建筑,势必为这些上层人物所控制,这些乡族上层人物,既包括家族的族长,房长,也包括地方上的士绅、豪绅以及地主富商等。① 土堡的兴建,一般也是这些人率先发起倡议。除此之外,有关村落内部管理的许多活动,这些人物都起了重要的作用,如内部秩序的维持、防卫外村的侵犯、修路补桥,甚至是公共财产的控制等。其声望和经验使得他们能够充当宗族的领导角色。

  在明末清初动乱年代,官方防御体系缺失时,类似玉塘城堡这样的土堡,是宗族求生存的最好立足点。可以说,护佑族人是玉塘城堡构筑的主要目的,而强大的宗族力量则是营造土堡空间最重要的力量。防御性聚落的兴建,不仅改变了以往散居的形态,也使族人在面临外界的威胁下,更加加强对宗族的认同情感。

---

  ① 杨国桢、陈支平:《明清时代福建的土堡》,《中国社会经济史研究》1985年第3期,第45~57页。

下编
族谱文献选辑

仙蒲《林氏宗谱》中的地方社会文化

张云鹤

族谱撰写者为了垂训后世子孙，凝聚族群认同，通常溯源祖先历史，并选择性地记录族中重要人物的生平、功绩，比如开基祖艰苦创业立基的过程，其内容包含宗族源流以及开基祖从原生地到迁居地之后，建立移民聚落空间的历程。在漫长的历史嬗变中，宗族移民通过修撰家谱、建盖宗祠、祀庙等方式，在与聚落边界之外的"他者"的相对关系中，构建起独特的族群特征，追溯共同的历史记忆，不断强化祖先认同和族群意识。仙蒲《林氏宗谱》中就包含有十分丰富的地方社会资料。

一、族谱与地方历史构造

仙蒲村位于福鼎市西南部，与霞浦、柘荣两县交界，古为长溪、福宁十三都地，现隶属磻溪镇。全村以林氏宗族为主，是闽东地区极具代表的宗族性聚落之一。元末明初，林氏家族成员林仲节通过科举获得政治资源。据仙蒲《林氏宗谱》"月帝公行实"载：

> 月帝公讳仲节，字景和，一字宗积，行五七，京一公七代孙，五十公长子也。少聪慧，一览成诵。元至治四年癸亥，中浙省解元，是科福建举子独公入选，时有谣曰：'福建若无林某某，满船空载月明归'之语。举泰定元年甲子进士，授州判。以才见忌，左迁句容司税，升华亭尹，迁知吴江。著有《书经义》《四灵赋》，详载《郡志》。"①

科举入仕为林氏逐渐发展成为地方望族奠定了社会基础。同时，他们又通过种种途径，获取各方面社会资源，最终构建起以林氏宗族为中心的地方新

---

① 仙蒲《林氏宗谱》卷首，《月帝公行实》，2007年重修。

秩序。

仙蒲《林氏宗谱》中梳理了林氏源流、并对莆田北螺村林氏宗族及台湾林氏谱序进行了探源和追析；这一方面反映了仙蒲林氏宗族对于祖先移民过程的集体记忆；另一方面促进了以祖先崇拜为特征的宗族文化的保留和传承，实现了仙蒲林氏同莆田北螺村林氏在祖源上的联系，并在此基础上形成了以京一公为始祖的移民史认同。兹摘录相关资料如下。

（一）林氏源流

> 吾祖河南分九洲，祖姓传来夏商周。
> 武王封公林为姓，祖先入闽始有宋。
> 德化莆田北螺枝，源氏殷公林问世。
> 流郡西河晋南泽，远在后裔世代传。
>
> 廿七世裔孙林伏琳谨撰

林氏源流

黄帝，少典子，姬姓，号轩辕氏，原为西北高原有熊氏部落首领，后率部落东进中原，在阪泉平定炎帝的姜姓部落，遂合而一，且从此并肩协力，在涿鹿之野击败九黎族，擒杀蚩尤，由部落首领被拥戴为部落联盟首领。这个部落联盟后来发展成为以汉族为主体的华夏民族。华夏同族在历史演进中，实际上又融合了羌、戎、苗、狄、蛮等族体。近代出现中华民族的概念，即是以华夏族为主体民族的中国各民族的总称。传说有很多发明创造，如养蚕、织丝、舟车、文字、音律、医学和指南针等都始于黄帝时期。因此，黄帝被称为中华民族人文始祖。在血缘关系上，黄帝和炎帝是我们中华民族大多数姓氏共同的祖先，故今国人自称炎黄子孙（炎帝亦少典子），吾林氏元祖是黄帝。[①]

源流考略

家乘侔国史，万姓谱成编。粤稽林氏族，姓字纪来缘。周王登大

---

① 仙蒲《林氏宗谱》卷首，《林氏源流》，2007 年重修。

宝,定鼎礼名贤。封墓表忠悃,访后得其传。呱呱孤子者,与母隐林泉。开掌见奇字,双双是木斑。著姓征贤哲,赐氏诏延绵。孙承偕子继,百代率祖先。舆图距广漠,子姓几万千。迁筮任择木,林氏满中边。或拜天朝爵,或列圣贤班。或耕南之野,或隐市与天。一族布星星,四海仰尧天。历秦至汉代,五季守青毡。枝分今派别,裔承各独宗。开闽王守据,十五姓来从。莆田得居址,数世乐华封。游山兼玩水,苗系绍宗风。东西名克著,分房六字中。礼乐与射御,书数句诚公。毵毵承御派,赤岸槃涧宫。宝历丙午岁,福宁四代隆。茫茫不胜数,南宋壬辰春。乃祖行京一,览胜仙蒲东。卜宅曾数代,再筮里洋峰。盘桓凭托处,仙会溯奇踪。流芳尤植福,科第耀宗功。昆仲号双桂,百世启和雍。苍苍松百尺,青青接太空。龙孙森玉树,螽子气豪雄。展披读玉简,遥遥华胄鸿。接拜华堂上,鹤发礼林翁。玉笋斑成列,童冠古羲农。美哉桃源胜,淑气天所钟。秉笔临清渭,敬美白云封。且问贵宗氏,未识赏心同。

  同治三年甲子阳月吉辰
  黄纪云识①

(二)徙居繁衍

旧 序

  宗谱之作,所以一姓氏,联族类,备祖宗实行以示来世,不可稍诬其祖,又使其来世敬宗收族,不敢重弃其亲,此其为谱之意也。每见世俗之谱,援引远代名公巨卿,以作美观,是诬其祖矣;而与兄弟宗族相视如行路,是弃其亲矣。诬其祖,弃其亲,谱可以不必作,而又何以修为? 夫遥遥华胄,识者所嗤,骨肉涂人,君子讥焉。吾宗林氏自京一公,于宋孝宗乾道八年壬辰,由赤岸徙居仙蒲东洋,再传,由东洋迁里洋,六传至五十公,生元进士仲节公,并仲茂公兄弟二人,分为两派。虽各著谱乘,每多紊乱,殊失为谱之意,于是两派相商合为一谱,重新订正,以京一公为仙蒲林氏始祖,故大宗总图起于京一公,以至十九公之代,凡五世焉。次为五十公。两派共祖宗图,又以仲节公、仲茂公冠两派之首,由是世

---

① 仙蒲《林氏宗谱》卷首,《林氏源流》,2007年重修。

世递嬗，录其婚配生育，记其卒葬宅兆。凡京一公裔派无不详载，而于赤岸以前远祖远宗概不敢登者，何也？盖世远年淹，文献凋残，若妄引林嵩、林浞诸名公于谱，何异世俗之为？又宁免识者所嗤，君子所讥哉！后之览斯谱者，固将上以谨夫祖宗一本之亲，下以联夫一体之爱焉！此其所以为谱之意乎，此吾所以修谱之意乎！

时嘉庆六年辛酉季冬上浣穀旦

二十一世孙翰迪谨识①

重修仙蒲林氏族谱序

义轩启治皇廷，有八姓之攸分；周礼纪官宗伯，定三族之职掌。林氏系出殷王子比干，纣诸父，累谏直言，剖心而死。妃有妫氏，孕甫三月，避难长林石室中，生男泉，迨周武伐纣，封比干墓，求其后得泉，以其居长林而生，赐姓林，更名坚，封博陵国公（按博陵古冀州地），居黄河西，故称西河郡，此为林氏得姓受郡之起源。考坚公之后，自周秦汉晋以还，公侯将相贤人烈士彪炳于史册者，笔难缕述，如义不辞艰奋勇卫季桓子者，晋卿侠义之风犹存；炊鼻之战奋不顾身，鲁大夫之英勇善战；惊破敌人心胆。稷曲之师哲不却战，鲁士之义勇堪夸。又如九龙之父，十德之门，赵国相退隐白云山，贤士之高风世所罕闻。更如起亢父斩章邯平剌侯之大义可风。至晋永安之乱，禄公随元帝渡江，尽瘁王室，史称为时忠，荐任东琅琊王府参军，给事黄门侍郎，以讨杜弢功迁招远将军、散骑常侍，后封晋安王，为入闽初祖，子孙遂居闽之侯官县都乡西里。传茂公，受隋开皇右丞，后转迁莆田北螺村，为入莆始祖。迨嵩公官礼部侍郎，唐宝历丙午岁，徙居福宁长溪赤岸，传十二公，于宋太平兴国癸未，迁居长溪仁溪，即今霞浦林家洋北五里许之地，越二世，子序公改迁长溪仙蒲外洋之东洋。再传三世京一公，见夫仙蒲里洋，四山围绕，山明水秀，奇峰罗列，雄伟可观，因感天然胜地，可为子孙开万世之统绪，旋于南宋孝宗壬辰春，创迁仙蒲里洋。公配郑氏，生子二，元六、元七，元六公配丁氏，生子三，玉一、玉二、玉三。玉一公徙居长溪十都

① 仙蒲《林氏宗谱》卷首"旧序"，公元二零零七丁亥年重修。

斗门，即今福鼎六都斗南，子姓蕃衍成为盛族；玉二、玉三二公居祖地。玉三公派，四传仲节公，号月帘，少颖悟好学，元至治癸亥科解元，泰定甲子科进士，官授吴江州判，即今苏州之地。随后族中绳绳相继，文武科第蝉联，俗尚淳朴、勤劳、孝友、礼让。本村族人激于饮水思源，尊祖敬宗之念，因感前届族谱距今卅有一载，若不急图续修，则世裔不明，昭穆不分，事属伦理攸关，爰是公推族中公正人士乃榛、乃炭、乃葛、君辉、允银、允博、允炒、允赠、允肇、允源、允杉、允磊、允诒、允蕊、嘉宝、嘉卉、嘉群、嘉野、嘉驭等诸君，出为发起重修，分任筹集经费，编查谱丁，以及协助处理嗣业继承等各项工作，不遗余力。其敦宗睦族之懿行，诚为难能可贵，其尤甚者乃榛、君辉、允博、嘉群诸君，多方访集谱系源流，不辞艰辛，俾谱系直赓续易于职别，惟嵩公以上列祖年代，尚有待今后孝子贤孙多方采访，慎加订正，俾成完璧。本谱之作，启于辛酉年春，至孟冬告竣，后之览者苟能发扬民族团结精神，同心同德为中华民族现代化国家建设而奋斗，则不负修谱之本旨云尔。

时公元一九八一年岁次辛酉阳月榖旦

同邑董吟轩谨撰①

（三）修谱缘起

旧　　叙

盖闻谱牒之作，所以尊祖敬宗，而序昭穆者也。修谱牒者，仍由其旧，而录其新。无所改作于其间也。仙蒲林族延余重修，余阅其宗谱，则柘之辉岚袁君修于嘉庆辛酉年，至今六十余岁矣。其体例本于欧氏，而行列、讳字与夫婚配、生卒，书纲书目灿然可观。余遂录其旧而纪其新，凡登诸谱者，皆本于前之所作，循而述之者也。缮写两本，阅数月而成，天地两房各执一本，以便后之观览云。

时同治三年岁在甲子阳月吉辰

黄纪云谨识②

---

① 仙蒲《林氏宗谱》卷首"重修仙蒲林氏族谱序"，公元二零零七丁亥年重修。
② 仙蒲《林氏宗谱》卷首"旧叙"，公元二零零七丁亥年重修。

重修仙蒲斗南林氏族谱新序

　　国立史者,所以纪帝王先后之统绪;族立谱者,所以载士庶远近之宗支。国有兴衰禅继之运,非史何以知之;族有亲疏世系之别,非谱何以明之？故谱与史同珍,急宜修作欤！考仙蒲林氏始祖京一公,原居仙蒲外洋、东洋,见里洋四山围绕、山明水秀、奇峰罗列、雄伟可观,遂于南宋孝宗壬辰春肇基里洋,为仙蒲林氏之第一世祖,迄今九百二十六载。绳绳继继,瓜瓞云礽,后裔隆兴,如乔木之有根,浩水之有源也。支分派衍,族人分散如星,或迁省城,或迁市,或迁霞邑松城,或迁柘荣城关等处。另有第三世祖玉一公,分迁十都斗南,即今秦屿斗门,迄今八百余载,后裔子孙往来依稀,陌如路人。因本族谱前届之修至今已越二十有七载,若不图重修,恐世久年淹、风微人往,其间生娶卒葬不能尽纪,再加族人散居各地而后,恐难以辑修。本祠首事嘉华、松西、观午、振协、嘉庭、嘉提、立忠、嘉宝、伏琳、允兴、追会、丹光、嘉振等君聚议,并通知斗门支派首事存楠、亦来、端提、亦象、厚炳、亦培、亦友、亦御、厚荣、端爱等君商议,合并仙蒲宗祠重修族谱,而聘余纂辑。余才识浅陋,承蒙厚爱,本届重修爰效古人之法,以旧增新,依凭纲目。纲从欧阳公之法,目凭苏公之律,纲连血线,目纪事实,上下相连五世。一提者拟陈侯卜昌之意,再提者而九世录张公同居之义,世代提起结略,叙明支派分房,亦自不紊。日后俾贤之子孙开谱即知亲疏,按乘而识源流,宛然先人之在目也。今谱告竣,望祠下之子孙,能以血脉相亲,以孝友相励,以诗书承祖训,绍基裘,荣祖而耀宗,至今昌也。是之为序。

　　时公元二零零七岁次丁亥年季冬毂旦
　　霞邑柏洋三洋阜垅卓尧峰谨撰

公元二零零七丁亥年族谱重修理事芳名录

嘉华　观午　振协　松西　嘉庭　嘉提　林宗

伏琳　嘉宝　振会　允舆　丹光　嘉振①

二、宗族建设

仙蒲《林氏宗谱》中也包含着不少反映宗族自身建设的内容，无论是兴建祠堂、宫庙以及置办族产等，这些都是十分珍贵的地方社会史资料。兹列举相关资料如下。

(一) 宗祠庙祀

世传大王公生于明洪武甲寅年七月十九日，其父母名氏不传，年寿亦不传。至今独庙祀者何？老者曰：公六、七岁时，一食举斗余米，人谓艰于育养。公知之，旋卒于山头坑，后人结石以祀，数十年后客来业香菇者，菇几成，而雀鼠窃食。客怒甚，无如何忽夜半徜彷见异人过寝前，状貌雄伟，诘朝访知之以祀。菇旋大熟，雀鼠亦奔逃其后。累显灵异，祈祷未尝不应，以故创草庙于洋尾丁步头。咸丰六年丙辰，复峻墙宇架大厦，俾岁时伏腊祀事弗替云。赞曰：生不永年，殁则长灵。守护乡闾，惟公之任。呵禁灾侵，惟公之能。告醉饱兮，禴祀蒸尝。遍尔德兮，群黎百姓。

时同治三年岁在甲子阳月吉辰
岁进士候选儒学正堂黄纪云谨识②

(二) 宗祠兴修

其　一

一公田坐落本村里洋，土名西山。并漈头岭尾共田三斗，又老鼠兽田一斗，又南岭尾山并长埞下上殷，共田二斗正。本族宗祠坐落仙蒲里洋园里，于元泰定年间兴建，坐丑向未，加癸丁，水出坤。原建台座，因年久腐坏垂危，于清乾隆四十三年重新鼎建，至五十二年增建两庑及前

---

① 仙蒲《林氏宗谱》卷首"重修仙蒲斗南林氏族谱新序"，公元二零零七丁亥年重修。
② 仙蒲《林氏宗谱》首卷"林大王公傅赞"，公元二零零七丁亥年重修。

厅,成为四面交井后,进设祖龛,前进建戏台,巍峨宽敞雄伟可观。①

<h2 style="text-align:center">其 二</h2>

　　鼎邑林族聚居仙蒲,数百年矣,凡族中公事,前人修举,亦不胜纪矣。自嘉庆以至道光时,诸凡渐即荒芜,人皆袖手,而帝实君、开旺君、宣君与奕玉君、奕焜君、奕裔君毅然倡首兴工,修整大厅,以及照墙造祖宗神碑以崇祀,事旋及地主宫,亦修节完固,外至坚砌丁步以便往来。凡此类者,皆类诸君之力也。至今一村瞻仰,咸赞其功。要之前人创造,后人修举,事虽异而功则同,故谨述其行,以示诸后云。赞曰:念尔忘私,克恢前烈。同心协力,丕振宗风。仪式其人,是效是则。②

(三)置办产业

<h3 style="text-align:center">京一公派下天地两房共管产业</h3>

　　一地主宫后竹林一片,上至分水,下至大路,再至旧庵墙直上,右至矴步头分水直上。

　　一本村公山四围,东至王家山分水,西至蔡家山及望海亭分水,南至石牛面丫门分水,北至王家山分水。

　　一乾隆四十三年同架大厅至五十二年重架前厅,月帘公派下产。

　　一公田五斗坐落本村外洋,土名牛屎墩安着。

　　一存牌坊石夹四条。

　　一存石马槽一架。③

可以说,宗族成员的集体记忆通过以族谱、宗祠、祀庙等为代表的物质文化在民众生活中的使用,宗族中口耳相传的祖先传说以及祭祖仪式得以维系。族谱编纂体现了仙蒲林氏宗族在不同生存环境和历史脉络下的"再生"和"创新"的社会文化过程。其一,林大王公的民间传说、数著灵异、建庙历程以及祭祀仪式为仙蒲村社会认同提供了信仰基础,成为当地民众社会生活中的重要部分,每逢腊月祭祀,从未间断。其二,宗祠是宗族举行各种

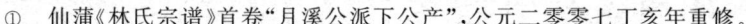

①　仙蒲《林氏宗谱》首卷"月溪公派下公产",公元二零零七丁亥年重修。
②　仙蒲《林氏宗谱》卷首"董事传赞",公元二零零七丁亥年重修。
③　仙蒲《林氏宗谱》首卷"京一公派下天地两房共管产业",公元二零零七丁亥年重修。

公共活动、实现敬宗收族的最为重要的场域。清人张永铨认为：祠堂者，敬宗者也；义田者，收族者也。祖宗之神依于主，主则依于祠堂，无祠堂则无以安亡者。可见，祠堂集祭祀、恤族和教养等多功能于一身，宗祠的重修使宗族成员之间的联络，以及宗族观念得到进一步强化，重要的宗族文化和风俗习惯也由此得以传承。比如保留至今的林氏正月初五和三月三祭祖习俗就是仙蒲林氏宗族的一大特色。

三、族谱与社会秩序

历史上，宗族通过建祠修谱，管理族内民众，制定家法、家训，订立契约合同等多种方式参与进地方事务中，在维护伦理道德与地方社会秩序中扮演了重要角色，成为一支不可忽略的基层力量。借修谱之机，将族田、公山等共有财产的相关字据、文书登载于谱，以期通过族谱的多支派收藏达到保存字据、明确归属权的目的，这是宗族惯用的方法。《林氏宗谱》中"公山和约"与"卖断契"的记载便细致地反映了历史上仙蒲村落中民间生活的真实面貌与生态理念。由此可以看到，历史上仙蒲林氏宗族通过所掌握的宗族权力，对地方社会的稳定与团结发挥着积极作用，很大程度上承担控制地方社会的责任。

(一)公山和约

借助乡俗对族田、公山等宗族共有财产进行保护是一种重要方式，其中最为关键的措施便是不动产交易必须立约，通过立约对族内民众进行严格的要求，这为宗族在建置族产时所高度重视和利用。仙蒲《林氏宗谱》中保存的一篇"公山和约"，便是确认公产权利的重要文献证据。

公山和约

　　经本村林氏理事会研究并经公告后，理事会决定公山留绿造福后裔，为本村今后办公益事业应用和有关祖先上辈遗留下公山留绿。现界至如下：

　　一、抽出蔡家山下段厝里起，横过横吊山，直过溪头佛分岔路，直上国营林场火路为界。

　　二、洋尾岭公山一片。从洋尾溪矿步头大路直上，洋尾岭岔门头天房墓右边一丈二尺直上,横过大坪园墩,横至天房墓左边一丈二尺分界直下大路。(见光绪三年丁丑三月卖断契)。

三、地主宫后门竹林一片。上至分水,下至大路,左至书庵墙直上,右至洋尾溪矴步头分水直上。

四、万糗湾牛池墼公地。东至路,西至墼,中边外墩为界,北至石为界,南至土垅为界,另边竹林内有一株大枫树,也属公共所有。

五、火星岩森林一片。左至坑直上丹海竹林为界,右至兴爱竹林直上,上至峰顶兴爱大坪园为界,下至坑斜上允瓜竹林横过火路坪为界。

六、外祖婆祠堂四向五米,不许任何人栽插柴竹。

七、洋尾溪公山、宫后门公山、万糗湾公山。竹林占公山的毛竹一律属公管,不许各人砍伐。

凡属公山各人栽插柴木卖买来往只能卖林,不能卖地。林砍伐后荒野后,地场属公山不能属个人。契约一律无效(包括个人向公山开茶园在内),凡属竹林卖买来往,新旧契约只能至公山为界,不能至峰顶为界。以上几宗地方公山,除土地证管业外,其余按本规定管业(包括茶园开在公山内)。①

从这个和约中,我们可以看到,公山和约的立订是由林氏理事会研究决议,和约中明确了公山的坐落、边界、范围以及管理。借修谱之机,将和约编入族谱之中,由多支派收藏保管,受到族人的监督,公山进而得到了宗谱、族规保护。为了加强对公山的保护,和约中明确指出"只能卖林,不能卖地","地场属公山不能属个人","凡属竹林卖买来往,新旧契约只能至公山为界,不能至峰顶为界","契约一律无效(包括个人向公山开茶园在内)"等公山管理规则,以便合族共同维护。此外,公山和约旨在为日后公益事业的应用发展以及子孙后辈们的生存延续留下一份宝贵遗产,这正符合当下"生态修复"以及申请历史文化名村的时代背景。从以上分析中我们不难看出,在订立公山和约时,林氏宗族将族规、凡例和契约结合起来,目的就是要实现契约对公山更有效地保护。当然,其"生态保护"以及"公益事业"的理念无疑再次增强了契约的保护力度。可以说,林氏宗族借助新谱增添公山和约,利用族规凡例和国家政策的双重力量,确保了公山的公有性质。

---

① 《仙蒲林氏宗谱》首卷"公山和约",公元二零零七丁亥年重修。

（二）卖断契

传统时代利用各项收入添置族产是保障宗族发展的重要内容。如何杜绝购买中存在的隐患、将产权风险降到最低就成为宗族购置族田时必须考虑的问题。① 首先购置诸如田地、山场等时必立契约。仙蒲村二零零七丁亥年的重修谱中，登载了光绪三年林帝富公派下四房孙秉翠、秉锡、秉杖将山场卖断与天地两房户丁管业。可以看出，购置山场时，立卖断契，其实是宗族对地权稳定的长久考虑，以防节外生枝。其次，充分利用契约来规范交易行为。仙蒲村光绪三年林帝富公派下四房孙秉翠、秉锡、秉杖将山场卖断与天地两房户丁管业的"卖断契"内容便很好地展现了交易双方的权利、职责以及订立过程。卖断契内容具体如下：

卖断契

立卖断契林帝富公派下四房孙秉翠、秉锡、秉杖原有曾祖手置山场一号，坐落十二、三都仙蒲里洋，土名洋尾溪。北片矿步头潭面安着山场一号。其四至：上至峰水，下至溪，左至佛塔大路及丫门小路歪上峰水横里大坪墩园头，亦壁竹林为界，右至天房墓林龙手降梁外片直下崩垅，直下大溪为界，其四至载明。兹因乏用，自心情愿托中送卖断与天地两房户丁管业，其山内竹笋，任凭留绿护卫峰水。即日同中三面言议估值时价铜钱玖千文正，随手收讫明白，中间并无少短分文。其山场即卖断之后，任从天地两房户丁管业，与房内伯叔史弟侄俱无干涉；未卖断之先，亦未曾同张典卦他人财物。如有交加不明自能向前了解，不累天地两房户丁之事；即卖之后，子孙不敢言及贴赎、妄生枝节口弊等情。立卖断契为照者。

光绪三年丁丑岁三月　　日
立卖断契　　林秉翠　　林秉杖　　林秉锡　　林秉崇
　　　为中　　林钦万
　　　代笔　　林绍楚②

---

① 王志龙：“近代安徽宗族对族田的保护——对乡俗、族规和国法的灵活充分利用"，《中国经济史研究》2007 年第 4 期，第 58 页。

② 《仙蒲林氏宗谱》首卷"卖断契"，公元二零零七丁亥年重修。

通读全契,可以看出契约包括卖断缘由、四至边界、卖断前后的管理规则、枝节冲突的应对等内容。首先,林帝富公派下四房孙秉翠、秉锡、秉杖卖山场是"兹因乏用,自心情愿托中送卖断与天地两房户丁管业,其山内竹笋,任凭留绿护卫峰水",这符合卖祖先置留地需经过商议决定,自愿卖断的乡俗。其次,契约写明出卖山场的坐落、四至、种植情况以及卖断之后的产值管理权,这就避免了购置后因产权不清所带来的危害。再者,采用卖断方式,一方面可以防止他人干涉、典卦他人财物给山场归属权的稳定带来的影响;另一方面"即卖之后,子孙不敢言及贴赎、妄生枝节口弊",使购买方对山场的产权更加明晰,有利于产权的保护。最后,参与契约订立的除秉翠、秉锡、秉杖等族人之外,还有林钦万为中间人,秉崇、林绍楚二人为代笔者。亲房的参加,说明了宗族内部认可了山场的出卖,杜绝了房派内部对山场归属权纠葛的可能性;中间人的在场十分重要,因为他的出现使得山场四至界限更加清晰,杜绝了以后因界限不清而导致用地争端。总之,卖断契订立过程中,交易双方突出了中间人、代笔者的作用,从而确保山场交易不受干扰。

综合来看,林氏宗族对公山以及购置权的保护,形成了以乡俗、族规和国家政策理念相配合的主要方式,三者互为补充。首先,利用乡俗订立和约对族内民众进行严格的要求,并将其增添进族谱之中,这为实施族规保护和为国法保护提供了群众基础,族规既直接保护公山,又为保存契约、随时借助国法保护做好了铺垫;同时,国家对于生态保护的理念政策对于订立公山和约与族规的合理性给予了法律支持,进一步保证契约的效度和族规的执行力度。

上述仙蒲《林氏宗谱》中记载的"公山和约"、"卖断契"反映了林氏宗族通过订立契约合同的方式参与进地方社会秩序的建构过程中。这种维系作用除了体现在族际、族内之间的经济贸易往来之中,也在族规、家法、家训、修谱等过程中有所彰显。仙蒲《林氏宗谱》中的凡例制定便是一个很好的证明。

族谱是宗族精神的体现,仙蒲林氏族谱编修的过程是一种民间文化逐渐形成、成熟的过程,是宗法制度生存与发展的需要。它不仅顺应了中原名门望族光宗耀祖的心理,同时也暗含着对传统伦理道德的固守以及对社会秩序的维护。该谱《凡例》载:

凡　例

一本谱定名为西河郡福鼎县仙蒲林氏宗谱。

一本谱以尊祖敬宗、承先启后之意旨，赓续前谱。董吟轩一九八一年之编作，予以录旧增新而制订之。

一本谱按欧、苏二先生谱式，编造以世为纲，父子直下，兄弟平列；以字号、出身、经历、婚配、育养、生卒、墓宅等为目；纲举目张，一目了然。

一谱中系图父子直下，兄弟平列为纲，纲用大书，纲之旁叙目用小书。兄弟平列，以长幼为序，年长居先，年幼居后，昭穆分明，女子归于夫家谱系，不列生庚，只在父旁叙明适某处某人姓名，以备后代联络属情谊，如有女继父系者不在此例。

一夫妇为人伦之始，凡婚配必书某地某人之女，元配曰配，继配曰次配或三配，等妾曰侧室，以分先后，别嫡庶。下列男女各系所出，其无子者书未育，出郡者不入，惟有子者仍书之，不没所出也，若少而未娶及抱养在家者，则皆书聘，开卷了然。

一承嗣必昭穆，相当最宜。各载详晰，于出嗣处只列其名，入嗣下并详其目，不重所生，重继统也。若系螟蛉则书养子，庶免蒙混。如女继父系者，以女名列入系图，如招婿入赘承嗣或兼祧继承者，则以赘婿之名列入系图，均须详载生庚及子女继承事项。

一凡隶属本族男女人口，每人生卒年月日时均须切实书明。

一本族旧牒雁行，皆以十进数递换编字，长幼次序难明。本谱乃字行以上，雁行沿旧录登允，字行以下采取单字编号，在每世排行中号码连贯，次序明显。

一分迁异地，当详某处，使其人有邱首之思，知本源之所自出。

一男笃学行，女伸节孝，皆无忝先祖，而可为家乘光，所纪事实须务惬乡评然，必其人已故，始为登载，以符史志生不立传之意……①

由此不难看出，仙蒲《林氏宗谱》中对于祖先事迹的宣传，正是践行了"追本溯源，敬祖收族，弘扬祖德，延续辉煌"的宗谱编修宗旨。重视宗谱功

---

① 仙蒲《林氏宗谱》首卷"凡例"，公元二零零七丁亥年重修。

能的宣扬，对于宗族伦理道德的形成以及地方秩序的维系，起着至关重要的作用。

四、族谱与乡土艺文

诗文创作是了解地方民众文化需求及文化活动过程的重要途径。在近些年关于古代诗文的辑佚工作中，族谱越来越多地成为人们关注的一个重要资源。但是，在整理和辑校族谱中诗文作品的过程中，也有人十分武断地将一些伪作的诗文当作了佚文。① 这就导致在使用族谱文献时必须要对材料有所甄选。仙蒲《林氏宗谱》中也收录了不少诗文，体现了仙蒲村落的历史变迁、地方精英以及景观文化。

仙蒲八景诗

仙步梯岭

两边岩壁事为阶，陡岭行人步步梯。
回首岭阶身后看，却疑从此入天台。

石牛眠月

天生奇石骨骼坚，独卧深山伴月眠。
快煞牧童鞭不起，经风经雨自年年。

望海里峰

三山直立一山巅，峰峦巍峨入翠天。
偶尔登临举目望，江山万里在眼前。

溪墩飘树

一株飘树茂溪墩，暑月游人树下潜。
远望阴中葡萄处，却疑铁拐与间仙。

廿五世裔孙林沐云谨撰

四山围绕

四面云山锁翠岚，天然城郭两边环。
生成村落多幽静，俨似桃源洞里间。

---

① 张廷银、张斌荣：“族谱所见诗文中的佚作与伪作”，《文学遗产》2007年第3期，第148页。

山峰似旗
山势如旗插岗中,幅员令内有佳坟。
有人把此能抬动,可召神州百万军。

龙井瀑布
上井泉流下井中,远闻恍似自鸣钟。
偶逢大雨注余后,瀑布悬空几万重。

川流如弓
两边人屋与高山,泉水潺湲抄石涧。
川瀑顺流溪尾去,恰如弓样一般般。[①]

五、结　　语

　　绵延中国社会数千年而不衰的族谱编修活动,是中国历史上特有的文化现象。仙蒲《林氏宗谱》的编修,既保存了旧谱中有价值的史料,比如光绪三年的"卖断契",又吸纳了许多新的内容,比如"公山和约"、"凡例新增"、"莆田北螺村探源"等,从而为研究闽东地方历史与社会发展提供了可贵的民间资料。考察族谱中的相关文献,不仅可以了解仙蒲林氏宗族的移民历程,而且通过对民间契约等资料的解析,可以探知林氏宗族在地方社会秩序的建构与维系上发挥着重大作用。而族谱中所收录的诗文、图赞、楹联等内容,也有助于我们深入了解仙蒲乡土社会景观的变迁过程。

---

① 仙蒲《林氏宗谱》首卷"八景诗",公元二零零七丁亥年重修。

管阳《范氏族谱》中的地方社会文化

邹筱芸

一、族谱与地方历史构造

(一)范氏源流

本谱大严前序

家之有谱犹国之有史也。国无史则孰知兴衰理乱之由,家无谱则孰知世系源流之辨。斯二者大小虽殊,而不可无则一也。余家居泰顺,地接松源,偶以闲居之暇驾言出游。而大岩之村尾适属同宗,相与信宿者久之。村尾与村头相去咫尺,因得与范门之文铭、文良诸公聚首言欢,语及家乘,二公慨然有感曰:"吾远祖积一公,原居河南光州固始县。当南宋之时避金人之乱,徙居于闽之福安县。其长子日曜公又徙居政和之范家山头。日曜公生九男二女,第三子小三公于宋宝庆三年徙居于南洋之地,历元迄明凡九世,子姓蕃衍。而我高祖日万公于明宣德年间徙居黄公山,不数载,而曾祖秦六公复徙于大岩之村头。迄今六世,已历一百八十年矣。前此人丁稀少,不过附列于南洋祖家之谱耳。今则户口渐增,不及今时而为之谱,无以遗后裔而传久远也。子其为我赓其任乎?"余曰:"余非能文者,然而序记诸篇依样以画葫芦耳。支派之流传,嗣续之条晰,当亦非异人任也。"于是稽之本宗,列其正派祖宗子孙一一备录,未踰月而谱告竣。虽自惭鄙陋无文,贻笑大方,然而世系源流之辨,所以遗后世而传久远者,要未尝不于此始基之。是为序。

时明万历三十七年岁次乙酉一阳月

泰邑弟吴廷瑞顿首拜撰

根据上文记载,福鼎姚洋徐陈坪范氏一族追溯源头乃是南宋时由河南固始县迁居福建福安。在闽定居之后,远祖积一公的长子日曜公迁居政和(政和县今属福建南平市,与浙江省南部相邻)。在日曜公所生的九男二女中,第三子"小三公"在宋宝庆二年(1226年)迁居浙江。徐陈坪范氏的高祖日万公就是小三公的后代,他在明宣德年间迁居黄公山。他的儿子秦六公又迁居大岩村居住。这一支范氏后裔在此经历了六代之后,一直到了明万历三十七年(1609年)人丁繁茂之际,才着手修谱事宜。人口是宗族形成的基础,族内人口的多寡成为社会竞争力的直接体现。从南宋开基福建,一直到了明宣德年间,期间经历两百至三百年,这一分支所繁衍出的人口数量才成为修谱的决定性因素。

福建大部分居民来源于汉晋以来的北方士民南迁。其中有几个高潮时期,分别是西晋的永嘉年间、唐初的高宗时期、唐末五代时期,以及宋末、元末等时期。这些时期都有着鲜明的政治色彩。陈支平教授认为,历史上这几次南迁在政治和姓氏上都有一定的优越感,因此宋、元以来福建各家族的修谱,大多数把祖先入闽附会到西晋永嘉年间、唐初高宗时期、唐末五代,以及宋末这四个时期。而绝大多数关于入闽的记载都是语焉不详。① 在这段文字中,每一次迁徙都只用了一句话概括。但这些关于族源的记载,使家族内各分支有了彼此的联系和认同,对维系彼此的羁绊和家族的团结有着重要意义。

小三公择居记异

公讳侃,字志宣,行小三。日曜公第三子也。公前居政和县十三都范家山头。基址狭小,惟长派小一公仍居故里,余房各择所居。我祖志宣公遍寻近地俱无称意之所,不辞跋涉来至括苍。途遇一地理先生姓朱,中道憩息各问姓名。先生曰:"足下将何之?"答曰:"欲觅地迁基

---

① 陈支平:《福建族谱》,福州:福建人民出版社,1996年,第125页。

耳。"先生曰:"足下欲迁乎？此去不远是庆元二都,地名南洋。山环水聚,地广土肥,可为子孙久远计也。"遂依其指往观之。喜曰:"朱先生之言果不谬也。"于是筑室于兹,爰居爰处。时南宋宝庆三年丁亥岁也。

这一段是关于小三公迁居浙江时选址的具体来由。为维护继承过程中的稳定性,我国自西周起便实行嫡长子继承制。这是宗法制度的一项重要原则,上至皇室下至民间都统一实践。当范家南迁定居后,有限的资源不足以维持每一位家族后裔的生活。在小三公寻找新的定居之地时,偶遇一位地理先生,为他指引了一处风水宝地,也就是后来定居的浙江省庆元县二都。风水观是汉民族的民俗性知识,人们认为好的风水可以使家族繁荣。李亦园先生认为,在中国传统宇宙观中,天、地、人所构筑的协调,符合儒家文化中所追求的"中和位育"的理想。而风水起到了对天人合一的调和作用,使人们能够维持"中和"的状态。①

(二)开基繁衍

本谱迁鼎泰后新作前序

河海虽广,必溯其源;枝叶虽繁,必探其本。为人子孙而不知其祖,是犹水之忘源,木之忘本也。吾稽范氏旧谱,始自监明(帝尧长子),越十三世有累公学扰龙于豢龙氏,以事孔甲。夏后嘉之,赐姓曰刘氏,曰御龙,迁居鲁县。越十九世有隗公承豕韦国复为豕韦氏。传五世有瑕公徙国于唐,又为唐氏。瑕公生敬恺,敬恺公生景伯,迁国于杜,又为杜氏。越十一世,有杜伯公为周大夫,生子隰叔,自周奔晋,生子士蒍公,为晋士师,又以士为姓。蒍生缺,缺生士会,食采于范,因以为姓。此范氏之所由昉也。士会公生燮,燮公生匄。晋出公十七年,韩、赵、魏共灭范氏,当时支庶散处他邦,聚族于长平者居多。后名高平,因以高平为郡句公避居。楚三户厥子,蠡公又寓居于吴,后相越灭吴,遂乘轻舟泛于五湖。一日,使人取妻子而去,变易姓名,适齐为鸱夷子皮,适陶为朱公,贸易致富,生七子。攸公其第四子也,居会稽。攸公生何公,徙居于

① 李亦园:《信仰与文化》,台北:巨流图书公司,1978年,第108～109页。

魏。传三世峤公，徙居于巢，生三子，长曾、三疉，吾祖行居二，讳迭，隐居伊阳。越十五世，有吏云公从伊阳迁于外黄，生砺。砺公生毓。毓公生二子，长申、次逊。逊公为青州令，遂同父兄居青州。申公生询，徙居汉中。传十祀，有元凯公，从江内迁凤阳府怀远县。又越三世，有赐公迁苏州吴县。越十世，纮公徙居兰江，都市心生晟公，行积一，迁河南光州固始县，居数载旋迁闽之福安县。晟公生二子，长曰曜，次曰晖（晖公乃居福安）。曜公迁政和十三都，名其地曰范家山头。生九男二女，子孙蕃盛。基址狭小，后惟长子小一公仍居故里，其八子各择所居。我祖小三公讳侃，徙居庆元二都南洋（南宋宝庆三年丁亥岁也），筑室而居，保世滋大。南洋启宇自小三公始也，历元迄明百有余年，有九世孙日万公从本都南洋移黄公山而居焉，生子秦六公（公讳玉，子望璋）。见大岩地方相去伊迩，兼之土肥俗美，时明宣德年间，更从黄公山移居大岩村头，开基创业，即为大岩之始祖。传及六世，高祖朝思公生五子，吾曾祖礼璋公娶谢氏孺人，生我祖义毓公，年甫十二而曾祖已逝（时康熙五十三年），随谢氏孺人归茂竹园母舅名卿家，娶祖妣王氏，生我父兄三人，于乾隆间又寄居章坑杨宅，预于姚洋创置屋宇产业。乾隆三十九年，胞伯连孝公、胞叔连信公同迁福鼎十七都姚洋徐陈坪，而吾父即居章坑坑源，嘉庆乙丑岁又同兄等构室于卜干堂。自祖迄孙凡历五世尚未有谱。前此乾隆年间，胞兄邦燮、胞伯连孝公亲赴大岩抄录族谱。今静等不能纂修，不但无以承先而启后，抑亦负伯兄之志也。遂议请庆元叶水轩先生主其事焉，自有是谱。庶几传诸将来，而随时修辑者，藉得前有所考，亦后有所据也夫。

  时道光六年岁次丙戌孟秋之吉
  大岩十世孙邦静谨识

  道光六年（1826年）的序文出自大岩范氏的第十世孙，乃是徐陈坪范氏的第一次修谱。前半部分讲述了范氏开基祖积一公从河南迁居福建之前的源流，这部分是在大岩范氏的族谱中不曾出现的内容。在康熙五十七年的谱序中，也曾提及范氏在宋以前的活动，但仅以一句话带过。用"皆袭侯伯之职"和"累世名贤不乏袍笏相承"这样笼统的描述概括范氏的历史。在族谱中体现家族的正统的中原精英文化背景，可以提高宗族的名誉和地位，培养宗族成员的认同感，同时也为宗族发展赢得众多资源。陈支平教授认为福建家族在编写族谱时常常将中原一些名人列入世系之中,又或是将入闽之前的家族历史大肆塑造。① 当然,关于远古时代该家族的追溯,我们难以判断其真实程度。但这段文字被写入族谱的动因,却值得我们重视。族谱之所以记录的终极起源一般都是皇帝或古代王朝的王族,是家族作为汉民族文化正统性的根据。父系世系的连续性同时也是人们与古代中华文明连续性的体现。对于开基祖之前的家族源流,往往经过对其他地区同姓家族的参照,或是编撰者自行尝试重构。② 这种对开基以前的远古祖先的追溯,确认了家族存在的正统性和自信。

二、族谱与宗族建设

(一)修谱缘起

本谱大严重修前序

余观上古之人,皆有水源木本之思,尊祖敬宗之意。故作谱牒以志其源流,叙其昭穆,定其尊卑,使子孙虽远百世不以途人相视。不然,虽贵为宰辅,富比陶朱,行若由夷,德并颜孟,而随形没,后世无称,有莫知其所由来者,故谱书人之所不可缺也。大岩范氏家乘本谱南洋,前经泰邑廷瑞先生创始于明万历三十七年(1609年),其世系渊源已自昭然。可考迄今八十一载,子姓蕃衍增修之道诚不可缺。中间由明迄清,事关两朝,况甲寅乙卯闽耿变乱,兵燹之余,修之尤为急急。兹其六世孙朝亮、朝科诸君以修谱一事属之于余,余以忝在至戚,义不容辞,爰为之录其遗文,续其支派。凡阅两月而谱告竣。又以诸君有水源木本之思,尊祖敬宗之意,此孝子慈孙之懿行,不可不表白以示将来。聊撰数言以为序。

时康熙二十八年岁次己巳南吕月
黄坛庠生练凯臣顿首拜撰

---

① 陈支平:《福建族谱》,福州:福建人民出版社,1996年,第113页。
② 濑川昌久:《族谱:华南汉族的宗族·风水·移居》,上海:上海书店出版社,1999年,第17~21页。

本谱大岩重修前序

今夫家谱之设所关最大,以一族之众支派赖之而分,亲疏由之而辨,尊祖敬宗之道,孰加于此。故周官小史有大宗、小宗之法,以序昭穆,以统族属。后世家法不明,宋欧、苏二公立为世经人纪之法,以明伦序之纲,支派之源流,亲疏之远近。其立心命意,规模宏远,诚足为千古法程。然非孝子慈孙,善继先人之志,善述先人之事者,或且视宗谱为陈迹矣。考范氏受姓出于晋大夫武子士会,历历可按。其族已蔓延于天下,而松源一派远则绍文正公之绪,近则本小三公之裔。大岩宗谱之所昭垂,了如指掌也。第阅世生人,阅人成世。自己巳年练凯臣先生修辑以来,迄今又三十年矣。兹范氏合族等相议重修,诚可谓孝子慈孙善继善述者矣。延余兄弟为编辑,余得参其末议焉,不揣固陋亦掬管而为之序。

时康熙五十七年岁次戊戌孟夏之吉
常邑徐灏直孚顿首拜撰

本谱大岩重修前序

阅大岩范氏之祖出自唐尧之后,传及夏商之世皆袭侯伯之职。历秦汉晋唐以迄于宋,累世名贤不乏袍笏相承。自南宋元明世居南洋,宣德之时益二公始迁黄公山,玉六公从黄公山开基大岩村头。今历九世,几及三百载矣。万历三十七年(1609年),四世祖文铭、文良,文佐、文佑、文志、文归诸公请泰邑吴廷瑞先生创立宗谱。国朝康熙二十八年,六世祖朝亮、朝科诸公,七世祖礼榜、礼琼诸公又请黄坛练凯臣先生重修。阅今三十载,范氏诸君复集众相议曰:"吾家子孙繁衍多未入谱,今若不修,恐后失序。"用是延予至家,出旧谱示予,请为修理。余以袜线短才,文辞鄙陋,恐不能承任。偶以声气相投,义不容辞,强为修辑。虽自知贻笑高明,然其间昭穆秩然,尊卑不乱,或嫡或庶莫不备载,或绍或袭无不悉录,班班如视诸掌,亦未始,非后来修谱之一助也。谨序。

时康熙五十七年岁次戊戌孟夏穀旦
常山球川徐洵元孚顿首拜撰

本谱迁福鼎后新作前序

大岩范氏为吾庆望族。每当学使按临,列前茅、获俊选者不一而足。乾隆己亥冬,与余同补县学生范,君一名馨、一名邦槐,皆大岩人也,既而邀余诣游。见其地山川秀丽,树木阴翳,地灵人杰,叹为不诬。流连不忍遽去。后余侨居泰顺桑梓,朋从亦惟于岁试时聚首而已。岁癸丑复与邦槐君遇,欢然道故,乃询余曰:"吾族祖有迁泰之毛洋周边者焉,又有迁泰之仕洋章坑者焉,君识之乎?"余应之曰:"周边则见之矣,章坑则未闻也。"厥后,邦槐君贡入成均,馨君已作古,人余无能为例符告给今近二十年,无从复晤旧好。丙戌仲春,章源增广生董君延璠、延余勷订其谱。有范君邦静过访,谓先曾大父使迁于此,而先世则居庆元大岩。述祖父名号乃即前所闻于邦槐君者也,遂以作谱见属焉。谨按范氏系晋大夫士会公食采于范,因以为姓。秦汉晋唐贤哲载史册者昭然可考,而文正公出将入相,从祀圣庙,宋朝第一人也。大岩之范,系文正公七世孙小三公始迁庆之南洋。又十世,秦六公迁大岩。今邦静君之祖义毓公乃秦六公九世孙,又徙泰之章坑,甫三四世而孙曾繁衍。此乾隆年间已赴祖家抄谱四册,今复俾余编次。余亦庆人,义不可辞。核其草本作者甚当,抄录不无亥豕之讹耳。爰一一核对,存其是而改其非,荑其芜而补其缺,未入谱者续之。为贤士、烈女立传以表其幽光。分门别类列为八卷。其缮写,则延璠君任之。顾旧草始于黄帝、帝喾、帝尧。窃思诸侯不得祖天子,况庶民乎?余欲以迁居庆元南洋者为始,否则以迁居苏州吴县者为始。范氏诸君以往庆核对不符为嫌。记曰礼从宜,使从俗。朱子云:"君子处世之无害于义者,从俗可也。"余遂拟定以尧帝子监明为始,其监明以上可不复书。呜呼!余自甲辰至泰四十三年矣!子若孙十余口未免傍人门户。孰若君之祖父离乡未久,遂能就地立业,卜世卜年,实由滋大。当必如小三公之迁于南洋,秦六公之迁于大岩也。是为序。

时道光流年丙戌岁在柔兆阉茂孟秋之吉
七十岁庠生乡眷弟叶藻敬明顿首拜撰

新　序

　　自紫阳创纲目,而历朝之事灿若星罗;自欧苏制谱书,而百世之源昭如棋布。其文之博约,事之巨细,虽殊而所以考世系、序昭穆。则与纲目之纪月编年纂言记事同实异名,故谱牒亦为人后者之先务也。按吾范氏家乘,始诸黄帝,迄于今已历四千余载。贤俊接踵,簪缨相承。核诸史册,若合符节。而迁居鼎泰之谱,则自叶藻先生创始于道光六年。胡梦麒先生增修于同治季年。光阴荏苒,日月如流。屈指一等二十有七载矣。家君商于族曰:"吾宗户虀渐增,子孙繁衍,今不重辑,将来世愈殊则先辈愈鲜,年日久则疑事日多,或生卒之日时无所稽考,或婚嫁之翁婿亦有遗忘。藉兹去世未遥,历年伊迩之际而修之,则万无一失,不亦善乎?"众皆以为然。于是族叔祖尚阶,族叔振到、振挺,族兄宜廉等遂以谱事属之于书。书以弱冠之年阅历未深,既非老成之练达,才能俱劣,复无博士之高明,诚恐不克胜任。然而序文传记不过率由旧章脉络支图,亦但仿导前法,惟前谱以义毓公为迁鼎泰之始祖,而以礼璋公附诸大岩。窃思礼璋公于康熙间由庆徙泰之茂竹围,娶妣谢氏而后始生义毓公。况坟茔现在大地旱冈,尤为确证,则礼璋公之为始祖固不待辩而明。谅尔时叶先生与先辈诸公皆思之未详,是以有此为误。后胡先生因而袭之,更无足怪。兹特重加改正以纪实而示后,非敢好为异同也。第以既知其误岂可复承其谬乎?则纵未能如老成之练达,博士之高明,而惟是尊卑之分辨之必严,绍袭之条志之惟谨。凡阅两月而谱告竣,爰不揣鄙陋而序其颠末,以弁之于首云。

　　时光绪二十六年岁次庚子蕤宾月

　　泰邑庠生族孙范鸿书文卿氏顿首拜撰

本谱迁鼎泰后重修前序

　　家谱之设由来久矣,所以纪世系、序宗族、别远近亲疏,令人百世之昭穆莫不了如指掌焉。倘于此而或忽之,是遗宗弃祖、拔本塞源,非为人后者所宜出也。兹姚洋徐陈坪坑源卜干堂范氏诸君,去岁癸酉之清明诣大地(即古驼地)旱岗祭祖,礼璋、义毓二公墓因祭祖而思修谱。佥云前谱系庆元叶藻先生作于道光六年,屈指历数四十八年于兹矣。若不重为修辑，非特未入谱者致有遗忘之失，即或既入谱者保无蠹毁之虞。时适潦头洋令姊丈林翁原永亦在墓与祭焉，聆其言，遂谓诸君曰："今吾延请邻村胡先生重修族谱，君谱未择先生，即用胡先生可也。"诸君曰："吾等议定，自有音信。"越客冬，原永翁长令郎锦录令弟原畤君相继过徐陈坪访范翁尚参、尚琴、尚阶诸君。乃托林君曰："烦君嘱胡先生来岁清明来早冈祖墓，乘族人咸集之余，定为修谱之举。"林君归而告诸余，至期，余乃造其墓，范翁尚参、尚琴、尚阶等与坑源禄房令侄振为、振翼诸君即以谱事相嘱焉。越仲春之中浣，余到徐陈坪范翁家，诸翁以旧谱示余。而振为、振翼二君又以曾伯祖连孝公与祖邦燮公所录草本相示，乃谓叶先生所作前谱与吾祖所录旧谱草不符。上将黄帝至帝尧计五世概行删去，所尤甚者，受姓祖士会公下五十三世祖行积一讳晟公者，中间复弃二世，误以日曜、日晖二公为晟公子。按旧草图内晟公生三子，长绍继、三绍宗，而吾祖行居二，曰绍述，生一子曰允连，而日曜、日晖二公乃允连公之子也。今者请先生重为编次，烦照旧谱草补入为幸。余曰："谱以纪其后，亦以稽其前，信如君言，是以孙尔祖弃父存子断不可也。"余乃将前谱与旧草互相参观，果尔不符。及观明万历三十七年（1609年）吴廷瑞先生所作序，内只言晟公子日曜、次子日晖二公而已，并无绍述、允连诸公名讳字样，即君叔祖邦静公自作一序亦皆如是，无惑乎叶先生之不仍旧也。君欲添补黄帝以下五世犹属锦上添花，若将绍述、允连诸公补入，毋乃妄添蛇足乎？而振为、振翼二君曰："曩者邦静公于作谱时的照旧草序列，奈叶先生坚执不从。而邦静公心终不安，后于作谱之明年复携草本亲赴大岩，重请宗谱核对，确有绍述、允连诸公。与草本若合符节，归嘱吾父辈将来修谱当照草本序列，断不可遵叶先生所作谱，妄为续序也。"余以草本即属铁券，乃依其言为之，振纲饬纪，改图易法。惟上世诸祖自黄帝至（缺）公凡五十五世，其图线姑遵旧式。越祖士会公则另载一世，以公为范氏受姓之鼻祖也。自是详书世次，无事筹查，本本源源，条然不紊。其祖讳之删遗者依前添补，生卒之错落者就今改正。至于承继葬娶、迁徙、里居亦皆一一详注。庶使批阅之余得以了然于胸中也。顾就一谱而论谱，是修谱，是者从之。合两谱而观谱，异前谱，非者，改之从非，无据，改亦有由。第以鼎泰分迁相去三十余里，其或谱书偏执，不便一时取看，嘱余的作连环二谱，余乃遵命缮写以副诸君之望，仍为之分门别类，多增二卷。中间分作十卷，

颠末合为一卷。卷成,诸君请序于余,余虽自知才短,贻笑大方,而既肩是任,亦宜强撰数言,弁之于首,以道斯谱作之由前后异同之故,并白诸君尊祖敬宗之念,承先启后之怀云。是为序。

同治十三年岁次于逢阉茂涂月上浣榖旦

泰邑庠生胡梦麒石卿氏拜撰

(二)宗祠修建

范尚阶小传

尚阶公字守升,邦汉公子也。幼而失怙,终鲜兄弟。受贞母之训,克勤于农,克俭于家。是以积小致巨,肯构肯堂。而且遇事果敢,总理众项,聚少成多。建造宗祠,创置祠产,以身先之兼之。尚参、尚琴二公暨书之家君,亦相与辅佐经营,以成其美。厥后令房侄振挺、堂孙宜廉等又相继兴作,以终其志,使先灵得所,后世有归,皆公倡率之功,而辅佐与付托得人之力也。语云:"遵古礼,宗庙为先。"公其庶乎知所先务矣。平生语言侃侃,不以声色假人。福鼎儒学赠以匾额曰:"易直可风"。盖信乎其易直也。

族侄孙庠生鸿书顿首拜赠①

这一段记录了第一位建造宗祠的范家后裔。祠堂作为宗族文化的凝结符号,它的建立标志了一个家族的组织体系和祭祖制度的稳定,通过祠堂宗族的凝聚力得到加强。通常祠堂的形成,意味着全族每年都将在此聚集,举行祭祖仪式。祠堂平日的管理和维护通常有序地在族内每一房男丁中轮流。通过这些仪式,使宗族结构得以巩固。

三、结　　语

根据范氏族谱的记载,范家从明万历三十七年(1609年)起,至清同治

---

① 《重修泰顺坑源福鼎姚洋徐陈坪范氏族谱》卷六。

十三年,期间一共修了六次族谱。修谱是宗族力量的体现方式之一。家族的凝聚力、组织能力和经济实力都在修谱这一行为中展示。宋代以后,宗族可私修族谱,不需要通过朝廷的认可,至此民间开始广修家谱。持续的修谱是该族具有活力的表现,也是大族和望族的标识。清代福建大部分文化体系中,如果一个家族未修族谱,则会被认为是缺乏凝聚力,缺少财力,从而落入小族的处境。一个家族要在他们所生活的地区立足,通常要不断续谱和修建祠堂。① 族谱是宗族在地方社会中构建集体话语权的平台。人类学在针对族谱与认同研究中,将其作为我者与他者相区分的一个手段。族谱作为宗族文化的展示平台,与修建祠堂、举行祖先崇拜的仪式等行为一同强化了集团内部的认同感,在族群认同中起着重要的作用。《范氏族谱》中除了体例的解说、系谱的记录、祖坟的具体记载之外,其余内容都几乎集中于家族迁移史和家族发展史之上。宗族要在社会上立足,就需要有明确的世系,和一个能被文化传统所认同的宗族的历史,这是宗族给予本族成员的用以证明其社会身份和社会权利的资源。

在中国社会文化,尤其是宗族文化研究中,族谱是重要的资料。它在不断地续修、重修过程中,不仅在社会历史文化的研究中被当作重构宗族历史或社区历史、地区文化、人口研究的资料,也体现了其背后修纂人的动机和意向。族谱中内容的虚实探究并无太大意义,然而文字间所体现出的编撰者的意识形态和他们所处的社会文化却值得探究。围绕着宗族所进行的如祭祀、修谱等一系列活动所体现了对于祖地的认同和父系理念。

在民间修纂的族谱、家乘,以及代代相传的口传资料中可以看出,从五代、宋以来的福建,包括之后的台湾移民,人们普遍形成了闽台家族来源于河南中州的历史记忆。从如今可获取的闽台两地的族谱中的各个姓氏对本族族源的追溯上看,有一半以上的家族认为自己的家族来源于中州河南的世家望族。宋代以来的"闽祖光州固始"的传说盛兴是因为五代时光州固始王审知兄弟的率部入闽,不仅固始乡民随同他南迁闽中,并且建立了闽中的第一个地方政权,也就是闽国。固始县的王审知率部入闽,对当时属于边陲的福建有着巨大的影响,对宋代福建的社会文化转向有着直接的作用。随着闽国的建立,光州固始的王氏家族与其部属在闽中属于统治阶级。由于

---

① 冯尔康:《宗族不断编修族谱的特点及其原因——以清朝人修谱为例》,《淮阴师范学院报》2009年第5期,第638~647页。

受到了这些因素的影响,"光州固始"在闽中成为掌握资源和权力的北方汉民族祖源的代表符号。北方汉民族的南迁,给东南地区带来了另一种社会形态和生产方式,促进了南方地区的开发。同时,在每一代汉民后裔的文化意识中,逐渐形成了向往北方汉民族核心文化的心态。汉民们在东南地区艰难地延续世代,促使人们形成了盼复中原世家望族的风气。因此,向往文化核心区域的心态就在世代交替中被东南地区的家族继承下去,并在族谱中不断体现光州固始这一祖源符号的影响。①

家族的人口繁衍和迁徙形成了新的地理人口分布,族谱作为人口迁徙、宗族制度等社会文化中多面向的资料。在《范氏族谱》中,大量描述了人们修谱的过程和作为一个分支的迁徙过程。人们希望通过族谱,从而重建以往社会集团的分化和迁移的过程,这一点确立了"系"的意义。冯尔康将宗族制度看作是一种"家族政治"。朝廷通过宗族组织宣扬儒家纲常和政令。在清朝,各宗族祭拜祖先时要宣读康熙皇帝的《圣谕十六条》、雍正皇帝的《圣谕广训》,对族人进行教化。朝廷也鼓励多世同居的宗族,往往对其大力表彰,以免除其徭役,亲赐匾额等方式鼓励宗族制度的维系。达到所谓"移孝作忠"的作用,将对祖先的孝顺与对朝廷的忠诚联系在一起,利用宗族内的血亲关系减缓社会矛盾,帮助维系政权稳定。② 日本学者井上彻提出了"宗族形成运动"的概念。指出雍正皇帝公认宗族的《圣谕广训》(1724 年)和乾隆皇帝时期制定的祭产、义田、宗祠保护条例(1765 年)是清代宗族发展的重要政治背景。以儒教为代表的精英文化和当时的政治结构决定了宗族的存在意义,并使之成为王朝统治和德治文化的基础。③

---

① 陈支平:《历史与文化的歧义与超越——家族和族谱研究中的一个思考》,《安徽师范大学学报(人文社会科学版)》2014 年第 1 期,第 4～6 页。
② 冯尔康:《宗族制度对中国历史的影响——兼论宗族制与谱牒学之关系》,《谱写学研究》第 1 辑,北京:书目文献出版社,1989 年,第 19～36 页。
③ 阮云星:《宗族风土的地域与心性:今世福建义序黄氏的历史人类学考察》,《中国社会历史评论》第 9 卷,2008 年,第 1～33 页。

叠石《王氏宗谱》①中的地方社会文化

李天静

一、族谱与地方历史构造

（一）王氏源流

乾隆丙辰谱王序

古今家谱不可无传，尤必赖后人之贤哲挺生，以上承祖绪，下启孙谋也。若家谱无传，何以考前镜后之具，即传矣，不得贤哲以缵修之，又乌见尊祖敬宗之美意乎？故谱之作也，以叙昭穆尊卑辨疏戚，如纪纲设于国而名分凛然，星垣耀于天而位舍如故，川岳海渎列于地而源然各有统归。史册灿若列眉，舆图燎如指掌。纵时更物改而亘古常昭，为子孙者可不思善继善述以光大前人之志事哉？余原籍江左，因祖宦西粤，徙迁柳郡乐业。融州宗谱遗失，欲创修而有志未逮，及奉简命来浙受篆，兹土甫下车询诸父老，佥曰：罗阳王氏之族甚盛如玉石者，乃浙闽交连之区，卜居仁里之地，至今历有年所，其间之螽斯振振，诗礼传家，享天禄、立黉宫，代不乏人，可谓巨族矣。又有品谊端方，敦教友重礼孝，矫矫出类拔萃者，行看贤哲挺生，人文蔚起，光前裕后。余叨太原一派，亦窃赖有荣施焉？适政务之暇，吾宗廷玑君挟问序于余。余不敢固辞，阅

---

① 叠石《王氏宗谱》，2010年重修版。

其源委条分而缕晰,稽者乃系派枝异而派干同,不禁穆然兴叹者,噫!有谱曷可无序哉?祖作孙述,载之简篇班班可考。睹斯谱也,虽旷代而亦如亲其志,即其事,如慢见形容,如濒闻其声息,洵足与日月齐光,历万古而不晦矣。奚啻纪纲设于国,星垣耀于天,川岳海渎列于地,史册炳昭舆图备载者耶!爰不揣无文,窃幸族因谱定,谱赖人传,所以上承祖结下启孙谋者,余宁无厚望欤!

时乾隆元年舍丙辰桂月穀旦

现任温州泰顺县直线灵溪王应运拜撰

王氏源流志

王氏之先,出自周灵王。太子晋因谏谷洛水事被废,遂与道士浮邱生同上嵩岳。后于缑氏山巅乘鹤飞升。世传子晋登仙是也。因为王家太子,故称王氏。生子源,家于河东太原,既太原王氏所自始。源生潭,潭生知宝,传至二十四世遵,遵生仁。仁生四子:长控,居青州;次睿,居河南;三典,居魏州;四融,居江左。融生二子,长曰祥,次曰览。祥生五子,长曰肇,肇生俊,俊生遐,遐生恪,迁居琅琊,后世子孙即琅琊为郡。览居江左,生六子,长曰裁,次曰基,三曰会,四曰正,五曰彦,六曰琛,皆显宦。裁生三子,长曰导,次曰颖,三曰敞。导生六子,长曰悦,次曰恬,三曰洽,四曰协,五曰劭,六曰荟。劭生二子,长曰穆之,次曰默之。穆之生三子,长曰简,次曰智,三曰超。超生照,照生畅,畅生洛宵,洛宵生潭恩,潭恩生登,登生浮光。浮光生三子,长元总,次元举,三元泰。元总公隋末为光州固始令,民爱其人。留家焉。传两世而至怀铎公,为唐温麻令(唐之长溪,明之福宁州,今之福宁郡也)。子务琨公袭父爵,家于福宁,遂迁福宁之三都赤岸,是为赤岸肇基祖也。复传数世,而有处一、奉一、如一(为唐光禄大夫加封玄公)。处一公派下迁居王家洋。奉一公派下迁居巷里,后又支分温江、平阳、金舟、瑞安、东山、滕斗、上下亭等处。如一公生三子,长不骄,次不奢(唐长庆时,为江西广信府贵溪主簿,后升台省提刑),三不侈。不侈同兄不骄仍居赤岸,不奢公迁桐山西园,是为桐山始祖。生子七,长承则,次承芳,三承华,四承嗣,五承位,六承安,七承邱。承华公生七子,长洪远,次洪棠,三洪成,四洪昌,五洪载,六洪光,七洪和。洪远公号仙源,捐造石桥三十六所,生六子,长文景,次文颜,三文暹,四文瑛,五文新,六文显。文瑛公(官御史加赠工部尚书)生七子,长建美,次建信,三建苍,四建聪,五建存,六建恺,七建就。建信公生六子,长大委,次大盛,三大隆,四大华,五大春,六大贵。大春公迁永安里,为国朝乾隆时,隶泰地。后福鼎设县,改为劝儒乡廉江里,即今十八都玉石(按石玉又名玉峰,俗呼叠石)。故大春公为玉石开基祖,传至二十一世洪四、洪七公兄弟,即玉石分房祖。今谱远溯得姓之始,而详叙河东江左,及赤岸西园递迁,支派不忘其所自出也。至大春公则以玉石肇基祖,另提而详图洪(七四)公以下支次,无滥登,无漏载,庶可奉为信史云。

(二)玉石开基

嘉庆辛酉谱何序

家之有谱犹国之有史也,国无史则孰知兴衰?家无谱则莫识源流,斯二者虽有大小不同而其不可无,则一也。兹有王氏者,系周灵王太子晋之后,始命氏为王而郡封太原。迨务琨公迁居闽之长溪赤岸,生三子,长处一,次奉一,次如一。处一公派又居王家洋,奉一公派又(迁)巷里及温江平阳等处,至洪四洪七二公,更迁此玉石境永安里,厥后大振箕裘之业,宏开燕翼之堂,盖有作之于前,期必继之于后,善作犹贵善述也。若奕元、奕三、奕烈、孟定、孟成、孟左诸君等,有见及此,因族谱未立,常谨此虑久矣。于庚申之冬,鸠集合族酌议捐金修葺,屈指而计,已经二百余年矣。长老渐逝,孰考订?畴昔文献不足,谁告语?将来矧夫生齿日繁,涣若凫雁,谱而不修,于今也后世无有知之者。但阅旧谱中多蠹毁,不无三豕渡河之误;字有漫漶,难免陶阴帝虎之疑。余率男家曦为之发凡起例,删繁补简,溯先世之源由,考本支之世系,列为上、中、下三图。至于本宗,则分为大小,庶眉目清晰脉络分明。虽踵事增华有待后人,而世系之昭,垂俾将来会宗者,一展阅而了然可见。家之不可无谱犹国之不可无史也。不信然哉!兹谱告竣,慎重其事而不敢忽略,乃不揣疏陋,聊赘数语以弁其首。

时嘉庆六年岁次辛酉仲吕之吉
泰邑洙峰候选训导何延召拜撰

重修玉石王氏族谱序

　　国有史，家有谱。家有谱记始自魏晋，魏晋惟大族有之，而今则诸族士众均以家为谱，记敬宗收族之义寓，述仁人孝子之乐群。王氏宗族，速祖源流，异地迁徙。自琅琊融公以还，累世行仁积善，昌炽蕃衍，家声丕振。玉石派系，世着令德，代出英杰，自昔人物之出拔，诗书之精华，亦他族之所望尘而莫及。惟其谱牒，自民国己卯增修至今未为续辑。君子不忘其祖，现子孙之盛况，亦必记之于谱，留于后世，使其知奕世之艰难，更知其祖传家风之现实。共和己未宗人振会、振奎、名扣等，出于尊祖睦族之诚，慨然集资，嘱余为其继，余虽碌碌庸才，而诚意难却，欣然诺之。追审玉石、国岭两族之分派，自赤岸如一公始，昭穆井然，而两派咫尺毗邻，族人相见，亲似同胞，故继谱者，追古溯源，正视现实。即于二十九世起，取彝伦一体，使其长幼分明。社会进步，政制斯异，前谱体例不适者，亦当有之。故无者必增，误者正之，庶几臻于完善之云耳。今虽成帙，精致亦难，望后继者正之。

　　公历一九八一年岁在辛酉重阳之吉

　　泰邑国岭裔孙冰仁谨志

重修玉石王氏宗谱序

　　家之有谱，犹国之有史也。然国之史始于夏商，而其事详传于后世者，盖国有史之功也。族之大宗如其主支分派别为诸小宗，亦列国有史之类也。昔司马子长杨子云自叙其世，上溯邃古及列国，要以原本其所出而章大之，此家谱之始也。宋欧苏不立教于文章，而立教于谱牒，其为后世虑至深远矣！

　　余观王氏之宗谱，考其始祖，大春公自福建赤岸分派迁徙至此，垦植田园，开基创业，历时百年风雨沧桑。吾族瓜瓞绵延，枝繁叶茂，文高武名，人才辈出，名门望族，志存九州。

　　今岁共和己丑秋，恰逢新中国六十年华诞，政通人和，国泰民安。吾族发起重修宗谱，成立理事人员，聘请于国家级非物质文化遗产传承人敞书，有同宗之心，关怀之意，宗亲相聚实属难得。时经半载有余，精心排版,细作印刷,牒谱落成,实是诸君之功也!余乃才疏学浅,不能谨撰,多蒙贵族殷勤招待,万分感谢!我衷心祝愿玉石王氏大宗他日槐子芬芳,桂花馥郁,略表浏览之情,谨摭白话言语为序也!

  公元二〇一〇年岁次庚寅仲夏月穀旦

  同宗瑞安市平阳坑镇东源王超辉、王法仔敬拜

二、族谱与宗族建设

(一)修谱缘起

光绪乙亥谱林序

  且人之有祖宗,犹水木之有本源。存仁孝之心者,自宜溯本求源,以无忘其祖宗,而兼联其族属,不致涣而无纪,视至亲如路人。此家之所以设谱也。然则谱之所系岂浅鲜哉!为族谱者,自宋以来,首欧阳,次苏氏。考欧谱,采史记表郑氏诗,谱依其上下作为谱图,其五世则迁,实古小宗之法,故其图上至高祖,下至元孙,而别自为世。苏谱明言从小宗之法,故其谱自高祖而下,而高祖之父遂迁,两家所本,则同而有异。要而观之,欧谱合修而易见,苏谱散见而难稽。愚业是有年矣,概从欧阳而不从苏氏,盖有取于欧法之广也。岁癸酉,愚主同邑仙峰董氏隆文书塾讲席,卓君秉礼与太学生季丽卿表弟言于愚曰:鼎邑玉石王氏之谱,历久未修,不佞为先生推毂矣,倘不远为嫌,愿为一往。愚因讲学无暇,特命小儿同秉礼、丽卿先往观之,至则有德健、德嵩、芳翰诸君实司其事,情殷意厚,欣然出旧谱相示,是嘉庆辛酉前学博何树棠先生桥梓纂修,迄今七十有四载。族属日繁,未入谱者甚多,遂合族酌议,延愚父子主之。越甲戌秋八月始开局汇稿,旋因小儿赴院岁试,毕复任是事,稿成呈于余,余乃批阅数四,见其图宗支编伦序,宜详者详,宜略者略,而于前所未备者增之,所未入者载之。一仿欧阳之规矩,庶可冀知己者一览而知也,且美其中有撷芹而食天禄者,代有伟人班班可考,为家乘光狝软休哉!诚巨姓名族也。至乙亥秋月告厥成功,余顾而乐之。若王君者,真有合于水源木本之思,而存仁孝之心者乎。贵乡地名玉

石,地之灵者,其人必杰,夫非所谓石蕴玉而山辉,水怀珠而川媚,三槐并茂,奕叶流芳也哉！余爱是磨隃麋墨,呼中书君为之序。

光绪元年岁在乙亥孟秋

泰顺儒学生员林勋功甫氏拜撰

宣统辛亥谱弁言

周官八柄五曰:宗以族得民。然自图谱兴,而宗法之废久矣！谱也者,所以序昭穆,分尊卑,明统系,别同异,而使人油然生孝弟之心,而不能自己者也,所系顾不重哉！太原王氏自不奢公由赤岸迁居桐山西园,六世孙大春公始转徙今十八都玉石,后至洪四、洪七公兄弟分为两房支派,繁衍日长,炎炎遂成钜族。俗尚敦朴居居,罕知外事,惟相勉以俭,动虽本务外,间有兼业商贾者,然终无浮华之染。管子所云:习而安,不见异而迁者。其斯之谓欤。族谱自余族叔纂修清光绪乙亥,又阅三十七年矣。忆前丙申秋,余至玉石,丽卿、子光诸君即以续修请。而余以事泥不果修迟,至今乃克,实践前诺。谱仍先族叔,旧而间补所未备告成,乃召其族人而与言曰:若知谱之所由作乎,谱也者,所以序昭穆,分尊卑,明统系,别同异,而使人油然生孝弟之心者也。君族之急于修谱,可谓不忘本源者矣。抑余闻君族之先代多闻人,人之情,无不念其子孙,亦无不望其子孙之富且贵。耕凿之家,其祖父疲精敝神,谋为数椽之庇,一垅之殖,以贻其后,亦云惫矣。然或身死,而子孙不能有无他,祖父于子孙,则知念之子孙,于祖父则若忘之也。今所见,君族子弟,多知执俭,动习本务,不惟能保恒产,又从而恢增之,非所称无忝尔祖者欤。然迩来书声闃寂,揆诸祖父一经相遗之初心,似若负负。书曰:既富方谷,君族知守富矣,倘再从事诗书,奋志于功名人文之蔚起,吾乌知今必异于古所云也,然则余今日之修谱,既以为君族嘉亦以为君族勉也,爰笔数语以弁诸端。

宣统三年岁在辛亥小春月上浣毂旦

泰邑优行廪生林大璋拜撰

民国己卯郑序

中古以册宗法组织与成周封建制度同时崩溃,故氏族之坠绪遥遥无稽。迄今考古家视为悬案,递及两晋,始有谱牒之作。当时琅琊王氏,斗楣阀,阅子姓,审蓄衍王谱之作,遂成一家之制。后世言谱学者,多效法之。然吾观庶姓之谱,经残唐金夏之乱,流离荡燹,旧本几不复存。故朱明以前之纪载类多不然,详其岁月可知文献无征,数典为难,而后世蓬壁之士缀拾源流,远引轩黄,侈陈郡望。援显宦为其始祖,羼特贵而入本宗。按其真际,不但年月悬绝,而且世次之明与本支毫无瓜葛,徒见其欺诬而已。故章实斋氏《文史通义》一书,针砭此点,透辟淋漓,不为无见。余意遂古源流,虽可备谱牒之一页,而旁征远绍,于本宗肇承不相衡串者,概可割爱。如玉石王氏宗谱之例,于长溪发祥以前,但略存流派。至著籍玉峰以后,则必实事求是,不厌其详,支分派析,秩然不紊,诚良法也!民国丁丑,余司锦溪薛氏谱,政王君桂文乃润来谒,以其族谱,前于宣统辛亥续修,为期虽仅二十七年,奈近岁伏戎不靖,将旧本纳于罂,置地下数阅月,颇为潮湿侵蚀,边幅不完,亟应重修,以保全一宗之谱牒。余嘉二君克念先故之业,笃守本源之殷,遂嘱桂文君,汇成稿本以便蚤日观成。而余连年不得暇,未得应其所急,迄至今秋始践前诺,设局于祠,着手缮录,并命桂文君补足。二年来本宗人事之生卒婚嫁埋葬等等,务尽无遗以资考信,是谱为既也,遭乱补弊之作,尤其爱护之殷,夫治忽之机一往一复,世无百年不乱之政,亦无百年不和之战。溯鸦片战役,迄今近百年矣。当王君倡议修谱之始,适河北卢沟桥沦陷之时,事变扩大,抗战已逾三十余月,暴敌应惩,行当匹马车轮无返者,此正吾华夏兴复之曙光。过去二十七年,吾民困苦颠连之状,既不能罄述而后,此二十七年国家民族之改造隆昌,可以兹谱为卷也。告庙之急,因时借慨。书此,以弁其端。

中华民国二十有八年岁次己卯十一月三日

泰顺郑炽衡拜撰

(二)宗祠祀产

晓岭山场记

咸通元年,王保七徙玉林洋,居住五六世。保七公居此处。豪琢承买水田五百顷,纳安固州粮税。上感天赐吉地,下蒙大祖阴骘。枝枝发达,分分荣昌。子孙有三四百数丁口,置有山场甚广,以为容牛砍木之费,取之不尽,用之不竭。且此山四至内外,俱系王家之业,予孙可守不可坏。谕之规矩之法,从其先人之命。盖保公名七,号为敌国,长者公之著也。公立已田庄坐七都,刘古洋第二庄坐五十九都,系柳州地界。第三庄坐柳州三十一都地方,第四庄坐温州府永嘉场,第五庄坐岙源头,第六庄坐黄家宅,第七庄坐上洪,第八庄坐戬州,第九庄坐大安,第十庄坐豪洋,第十一庄坐泗溪,十二庄坐九峰头路上,十三庄坐泗水石门,十四庄坐九峰杨家。居基是我庄业十五庄下,洪陶家屋基皆是我美庄,十六庄坐东安洋尾张家住基,皆我乐庄美哉。十七庄坐三洋街头包,端午公此是相传之人,十八庄坐爐梨,且公所住之基地,取飞龙形,所以出陶朱之富旺后裔之繁,无如被地仙所害,误听恶言,将此处山龙锄断,遂致渐渐退步,参差不齐,华门圭实令人慨惜。自后子孙可知守成不易,惟富贵乃勤俭中寻出,纲常是孝弟内得来,不信贤哉?遥想吾祖鱼鱼雅雅清清,古洁千秋标名,贤孙子侄继承统绪,高曾祖考,绵远之功不可胜计,上祝皇图之巩固,下蒙列祖之恩膏。时届宋帝至道三年,我祖思得先基址被伤,今择一穴大地,名曰晓岭之处,下名晓村。相传前代罗隐亲到此处创置业,故乐得我所爱居爱处矣!其后又立有义男李某,竭力尽道,遂娶亚奴,与义相传之谊,可知去后之事。日后知其所属,勿使同列排行。但此山,先是圣运公落担之业,其山东至分水为界,南至雾海栋,西至大路,北至丛源派埠白栋为界,中至晓岭四园山场。俱我堂内,伯叔各立房屋,居住其山,皆系我子孙养录培植,风水勿使败坏。故曰我祖有灵,后代又得其仁里之处,有祖出圣。公于天圣二年为此处地主,子孙昌盛,已后绵远迪吉,在东山下立基立业。兴地之美,切念先人劳碌之勤苦,千子莫非子,祖宗之所荫,能守其祖德,则光于前而裕于后矣!夫纲常乃天下之大经,故君为臣纲,父为子纲,夫为妻纲,此人得而知之。苟顺行正道,或耕云,或读雪,完其家风于不坠。为子孙者，自致发达，而莫量也。所以为人知整修祖物，明定界至。古云千金易得，寸土难求。其间或有契券碑记坟茔，不使失落，宜重整理，勤勤恳恳。焕然一新。矧书有云，无怠无荒。诗有云，孝子不匮，永锡尔类，其斯之谓欤。是为记。

知其不忘乎祖，必本乎谱，余虽坐井观天，肤学浅闻，不禁举欣欣然而相告，以是为之说云。

嘉庆五年岁次庚申应钟月

何家曦顿首拜撰

产业志

咸丰十年庚申十一月初七日辰时
民国五年丙辰
裔孙祖福同族人重建
裔孙德铣同族人重修

一宗祠坐落玉石水尾坐申向寅加坤艮分金

今将洪七公派下所置祠田及庚申年创建宗祠除舍远就近外所剩田段列后：

一祠田坐落玉石对面山，受种田陆斗，计租陆佰觔；

一祠田坐落玉石门楼口，受种田贰斗，计租贰佰觔计田壹坵；

一祠田坐落宗祠门口，受种田壹斗半，计租壹佰伍拾觔；

一祠田坐落金竹坪、王家岚二处，受种田壹斗半，计租一百五十斤；

一祠田坐落洋坪坵，计租柒拾觔；

一祠田坐落马尾半岭亭，计租壹佰壹拾觔；

一洋坵坪园租钱壹仟捌佰文，作递年完粮费用；

一炭山田资钱伍佰文。

以上祠田共计合资壹拾贰担捌拾觔又(田园)资钱贰仟叁佰文，经入祠内兴洪四公派下输祭宫管。自今伊始，或输(七四)洪两公派下，荐祖之年，仍将祠田与他耕种收租乙载其资钱，亦准值祭之人收去，以作七月十五日荐祖费用。周而复始，嗣后如有余钱，再置产业，应归祠内管掌，不得言称己业，以致争多竞少，恐伤和气。

(增新)一祠田坐落王家洋枫□梢亭(下上)安着计租壹仟肆佰伍

拾觔；

一祠田坐落十八都管坵楼下安着计租陆佰。

洪七公同配（曾李）氏孺人祭田
一号坐落玉石门楼下第三坵田壹斗；
一号坐落玉石水尾矴埠囡头田壹斗；
一号坐落火摄溪岭头田壹斗。

俊十三公同配（季李）氏孺人祭田
一号坐玉石门楼下田五斗，计租肆佰觔；
一号坐落玉石路墘坵田壹斗，计租壹佰觔；
一号坐落玉石大路面土名更楼田叁斗，计租叁佰觔；
一号坐落玉石水尾水碓塘田半斗，计租伍拾觔；
一莲头开基田租捌拾觔，又加陈李锡地基租贰拾觔；
一莲头墓下园租钱捌佰文。

英十二公同配叶氏孺人祭田
一号坐落玉石隘头计田玖斗，计租陆佰觔。

洪四公派下山场列后
一山坐落官衙等处，俱有坟镇左右上下可证；
一山坐落引象官坑，有祖坟可凭；
一山坐落引象确臼岚有祖坟可验；
一山坐落龙埠四园，上下亦有祖镇造历历祭埽；
一山坐薄尾溪坪，上下有祖坟可据；
一亭基一所坐落马尾溪坪矴埠头，安着亭名福泰亭，亭房舍田叁斗。

洪七公派下山场列后
一山坐落引象五里排两处，俱有祖坟可验；
一山坐落隘门底及至莲头东安交管为界；
一山坐落浙闽山会夹溪及王海上下为界；

一山坐落玉石本处及淡竹洋水仓枫□梢为界；

一亭基一所，坐落马尾半岭亭安着。同治八年十月十七日卯时，裔孙祖美德嵩德健德姜同合族人重建。又亭山一片，上至峰顶，下至石鼓，左至坑，右至峰龙分水为界；

一亭寺一所，坐落本处仰天湖安着及山场一片。光绪丁亥年十月吉旦十一世孙为首祖赠建，寺名天湖寺；

一亭基一所，坐落枫□梢安着。亭名安泰亭。

一亭基一所坐落泰邑隘门底，亭名浙关亭，亭右边店屋二间。

邱九宫志

邱九宫创自宋理宗实佑年间，坐落桐山城内莲池境佛塔前，坐甲分庚，前后两进，各三副，内绘塑邱九公太后元君及迁桐始祖善辉公神像，历年宗内按房轮值奉祀神明，并祀始祖。春则正月十五，秋则九月初八，我宗人济济衣冠，告虔在庙，祭毕烹食以叙敦睦深情。从前未经购置祀产，每逢祭祀，俱系值祀人办理，各房到庙随带福金登佰文，甚不敷用。嗣后将前进批收租钱以资祀费，但本宫系奉神明，而始祖像并绘在内，日后须宜建置祖田，俾永久无失俎豆，不惟祀事有光，亦以绵先人德泽云。

三、族谱与社会秩序

（一）祠　规

祭　　祖

祭祖定期

一宗祠递盂兰盆大会定于七月十五追荐

一递年三月初三日祭引象官坑洪四公坟

一递年清明日祭东山大墓岚洪七公坟

一递年清明第三日祭莲头景洋俊十三公坟

一递年清明第五日祭倪家地英十二公坟

自今以后所有历代祖墓,不许子孙并异姓人等捍附,以致荡坟伤阴。其祭期亦不得违,如有不遵,罪坐不孝不忠,不得为王氏之子孙也!

(二)家　　训

拔侯公行实

当闻一乡之善士,固圣门所推重,积善有余庆,易经所备详。书云:禹拜善言。礼云从善如登。楚书曰:惟善以为宝。是皆以善为贵者也。如吾岳父拔侯王公有可效法焉! 其律身也,有紫阳家训之行其陆族,也有文正范公之举,言而人悦,从行而人乐观,德被乡里,邻间阎关皆蒙其惠。家政、孝友、子侄咸遵其箴,且以义制事之仁孝心,以礼接人,以敬持己。门下集客,若齐之孟尝君;居室繁华,如卫之公子荆。怀何曾之日费法,仲郢之延宾立功业,而庙貌大兴,筑佳城而幽灵咸妥,其为人也,交口称之,况阶前之兰桂森森,皆为卓荦不群之器,所以为善者,后其裔必昌也。谓之乾坤之肖子,宇宙之完人,不诚然哉! 余也忝属半子,故以熟悉其所行,更续俚句以旌之。玉峰苍苍,闽水央央,高岳之风,山高水长。

行看异日者,或耕云,或耕雪,绳绳蛰蛰,大兴玉石之家声,不亦余之所厚望欤。但余深愧学浅无文,下愚鄙质。而叙事必褒,以表其人之行,实妄作无知,莫谓余言之不识,聊制俚言,颇为增益。

洙峰何家曦允升氏拜撰

王孟定公行实

禀性颖异,幼业诗书,应府县试屡列前茅,时人咸以大器目之。不幸灵椿早萎,综理世务不得卒业,深足惜也。而为人公直和易,坦率为怀,遇事敢言,管公事宁亏己而益人,一毫不苟,乡党有隙,不作寒蝉知忌,是非曲直,恒赖一言而断。所最关心者,祖宗世系修明之任,时介于心。爰是庚甲之冬,创造谱牒,同肩是任,不辞劳瘁。所谓善继善述,无忝厥祖矣。且乐嘉宾至止,遂即款纳孺人陈氏,亦能曲承其意,斗酒善藏，不以瓶罐之有无而微有吝色，教重义方孚月旦。而且子孙济济一堂，公与孺人双双偕老，含饴弄孙，分甘娱日，不减梁孟之风，竹林称贤，奚啻伏波之诫。将来家声大振，可以预卜也。盖自有上天福善之理，不愈可信然哉！因其为人足表而旌之，是以为赞。

  庠生眷侄何家基顿首拜撰

老友丽卿先生行实

  余自出门同人，计所事友，其号称文章尔雅者，固不乏人，而求其知持大体，曲尽人情，善事之誉，无间于族部者，则亦未易得。久之，乃得之余友丽卿。忆自丙申秋，始与君订交，君族人屡为余道君贤，余心臧之不敢忘。自后每谒君，必信宿始去。过从既密，益深悉其为人，久欲作一文为述梗概，而卒卒少暇。今春，余为君族延修谱牒，乃得汇君行略登之。君天性醇笃，内行谨饬，尊人益庭先生，厚德乐善。君能养志于前，继志于后，凡所设施一如先人。指尤笃念本源，事关宗祖，无不勷力，虽劳动不辞也。生平明事理，重然诺。族中事无大小，每过疑难，必取决于君。里有虞芮争者，亦多质成焉。且和以接物，诚以待人。爱结客，造门者，半知名士。余交游多矣，惟与君交为久而不厌也。虽尚留心贷殖而买其业，能儒而行。倘所称一乡之善士者，非耶夫山林潜德之士，多甘于韬晦。然鼓钟闻外悦善有宜，不能已于逢人之说矧交好之，素平日所心臧不忘者，而忍以嘿息者，听其没没也，然则兹之表而出之者，既以当赠言，亦以谂当世。诚不欲君贤之不彰，且使后之传君者有所征也。

  宣统三年岁在辛亥小春月之吉
  弟林大璋拜识

子光同志赠言

  余既为惕吾先生立传，且嘉其令嗣君子光之能承父志，因汇其事实以登诸谱。君谨厚自好，待人接物一本于诚，先是君尊人惕吾先生经理祠务，族人咸推公正，见君笃实似其父，因命赓续。君笃念本源，既承托料量平。凡祠产、生息、公费外，无丝毫求便私图者。且竞竞无敢自是，事不论大小，必商诸同事丽卿并璋二君及族老辈始行。如修宗祠围墙，建半岭亭舍，与本年重葺族乘，皆君与二三子经营力也。吾闻君子以不改父道为孝，况从而恢增之如君者乎，是可书也。以谱将告成，笔数语以当赠言，亦使君族览者，知余之传君父与序君，皆本之舆谕，而非阿其所好也。

宣统三年岁在辛亥小春月吉旦

弟林大璋拜

先君韬轩行述

己卯秋，余以例假余暇，自乡校返梓。适族人士重修谱牒，稽前谱之倡修，即先君主其事，屈指居诸，倏忽廿有九载，展先君祖墓，宰木已拱其间人事之变迁，孙支之蕃衍不胜，今昔之感矣！先君耕稼勤俭，处世平居，热心公益劳动不辞。见玉峰宗祠之圮毁也，则筹款葺之。见马尾岭亭之倾颓也，则募资修之。诸役巨纤诸费，秋毫不苟，收入细目一一公布，垂诸久远可资征信，性慷慨好施与，尤敦族谊慈善之事，无论识与不识，凡有踵门告急者，往往解囊资助，无吝情，亦无德色。念本支芳衍族伯后裔莫继，即商诸房内昭穆相当者，以承宗祧。并商得房众同意，捐输曾大父祭田一部以畀之。人无贤愚，一饮以和；里有争构，一喻以理。故鼠牙雀角之事，恒得先君一言而解。生子五，惟网出身学校，余均服畴。先君，讳芳葆，字子光，生清同治甲戌，卒年五十有九，民国第一甲子冬月，葬吾乡东行里许仰天湖之麓。

男名纲述

泰邑郑炽衡填讳

记先大父达夫公

公讳□名衢，字鸿渐，号达夫，世居鼎邑之玉石。为人刚直，资质聪颖，克勤克俭，处世温良，且夫自幼失学，年十有三即率长工事吕西时。迨曾祖不惑之年，所有农事悉委之。其时家口浩繁，而大父年又居长，且日以继夜为农业计，未尝有半日之闲也。

家君尝谈及大父不啻精通农艺，而各种工艺诸如木工竹艺泥水等等皆通,过目即能,是时众人无不矍然夸其巧邪。若论治家,可称有方,立道以谦让为本,睦族和里,待人至诚。凡遇踵门求教者,皆倾心指点,不留余地。尚褒之者,其身虽服畴,涉及儒门知识,亦甚重视。当时家口之众,农事之繁,个人得失置之度外,力荐四叔祖就学之后,四叔祖学业之有成,亦深谙吾祖之无私也。先祖爱吾若掌上珠,余虽年幼复忆犹新,叹其染河鱼疾,投药罔效,遂沉疴不起。呜呼!年逾半百即与世长辞。此乃余之不幸也,流光荏苒,公之仙逝屈指又三十多寒暑,其间每过敬祖之举,余肃然缅想索思,久怀为之立传,奈世事苍云,未遂人愿,养育之恩,久而未忘也。今岁适逢族人倡重修宗谱之际,余黾勉成章,籍作远怀之念云尔。

公生清光绪乙未年八月初七日酉时,辛民国甲申年九月廿一日寅时,享年五十,葬泰邑外八都引章前岭家祯公坟左侧安着。

孙宗西记于玉峰思古轩

一九八一年仲秋

(三)立约据

王家岚及对面墩兜约据

立约据玉石族等,原有众山二片,坐落本处王家岚及对面墩兜安着。缘此山,一为宗祠水尾,一为亨房勇派羽侯公墓所,风水攸关。自来龙坟顶及龙虎手养录树木,于乾隆七年七月间,曾立公据,留为护荫,不许祠众及勇房羽侯公派下砍伐出判。今因修谱,族众再议立约据壹纸,附登卷。未自再立约,后祠下及羽侯公派子孙宜各依前据养录护荫,永无得砍伐及出判他人。如有图利背墨,罪坐不孝,一被查获,鸣官究治,决不容情,欲后有据,重立约据存照。

宣统辛亥年十月初二日玉石族等同立约据

泰邑林特夫笔

本处来龙及祖坟龙虎手亦无许祠下众等寄骸捍葬。如有艳地故违,众等并力共攻。再约。

特夫又笔

四、族谱与乡土艺文

民国三十四年福鼎县长宗人王道纯游玉石时题咏

四山忽敞桃源地,一水潆洄玉石巅。

携鹤几人曾到此,数来今日尚无先。

民国三十五年三月十八日上午十时许,祖屋惨遭回禄。同年十月又重建众厅。时王道纯已调任安溪县长,闻讯之下,即书寄"恢宏宗绪"四字,命刻匾悬挂云。

玉石八景

小　引

何家曦

闻之赤壁重游,山因人著;兰亭一会,地以文传。则知丘壑幽奇,供骚人之啸傲;山川秀丽,容隐士以盘桓。古人秉烛夜游,良有以也;我辈题诗揽胜,岂徒然哉!惟是一行作吏,三径就荒。柴桑之五柳风遥,峰泖之莼鲈兴阻。犹忆澄江如练,长吟谢朓之诗。敬亭坐对,朗诵谪仙之句。况兹玉石,太原王氏,聚族于斯,胜境迎眸,足供赏玩。如玉峰共睹其积翠,石鼓俨听其传音,双龟有出震之奇,引象有回朝之异,而且榜山立于左,古林峙于右,石室有留云之景,鲈湫有喷雪之观。凡此八景之点缀,依然万象之包罗。举目可餐,聊借采风之笔;拈题即事,大抒游士之怀。用求郢雪之章,略效邯郸之步。

双龟出震　　何家曦

何年产此石肠儿,色相神灵不世奇。

未肯巢莲楼叶底,何妨曳尾出山崎。

满身全具阴阳数,纯甲浑含造化机。

自是文明新气象,负书震际应昌期。

又　　张元定

灵物双双出震方,南离北坎兆文昌。

蝉联甲第家声振,龟绶龙章宠锡香。

又　　包文烈

灵龟叠出几千秋，六甲包藏单拆求。
忽尔风雷动出震，推来帝泽满皇州。

玉峰积翠

叠巘奇峰四望间，就中矗起玉眉山。
苍然黛色横今古，翘首云霄愿一攀。

又　　张元定

突起峰峦积翠微，昆山片玉总依稀。
当年谁把蓝田种，瑞气腾时万丈辉。

又　　包文烈

擎天玉柱大文章，华表依稀镇一乡。
昔日王公曾卜宅，三槐世植兆名扬。

石鼓传音　　何家曦

天公新就寂无声，欲刻桐鱼手自擎。
峭壁静听如有韵，鼕鼕石鼓恍长鸣。

又　　张元定

不用桐鱼手自擎，无端石鼓听长鸣。
当年旱漏垂绅笏，石大声宏显姓名。

引象回朝　　张元定

巨象由来物望彰，朝仪肃立本非常。
特钟地脉观佳兆，他日选看笏满床。

又　　包文烈

千载留名耕歷山，归朝典守织忠奸。
当年努目谁相似，折槛朱云势一班。

榜山前列　　何家曦

文山列榜依村东，秀色凌云气自浓。
万丈毫光标姓氏，千寻颖艳出峥嵘。
十年风雨鸡窗下，两字功名眼界中。
不是钟灵文运启，奇峰那得挂穹窿。

又

横排一幅壮奇观，当年凤楼金榜看。
点缀山花题姓氏，便夸桃李属春官。

又　张元定

一片白岩高插天,榜花排刻产英贤。
后人好奋青云志,从此题名组绫联。

又　包文烈

天开文运广抡才,榜列南山次第开。
年少芸窗欣努力,独看老眼笑颜回。

古林晚钟　何家曦

碧宇烟销夜气清,空林远接寺钟鸣。
梵王宫里浮金发,灵鹫峰前晚月明。
点点凝霜侵曙色,硿硿应谷杂鸡声。
铿然好叶宫商韵,共起景阳待漏情。

又　张元定

古林宝刹住深林,渺渺钟声何处寻?
最爱夕阳斜影后,觉人尘梦净禅心。

又　包文烈

古刹钟声兜率天,噌宏余韵暮蚨传,
诸僧听法莲台下,合掌皈依坐夜禅。

石室留云　何家曦

漫把天然作幻猜,凝眸真个是蓬莱。
一尘不到真潇洒,四壁空虚孰剪栽。
室绕飞霞吞复吐,云依怪石去还来。
从龙有翼冲霄汉,不假风雷亦怪哉!

又

峭壁高悬小径穿,自然石室隔尘缘。
此中疑是神仙住,别有人间一洞天。

又　张元定

烟浓石室执轩腾,静看微云逸态增。
何事书仓飞匹练,欲留梯级望同登。

又　包文烈

避秦曾忆武陵源,洞口多云手自扪。
满径飞花尘不到,天然胜迹月黄昏。

龙湫喷雪　何家曦

神龙变化在灵湫，越壑穿岩挂碧流。
恍是九霄银浪泻，居然六出雪花浮。
絮飞潋滟凭空叠，风剪素丝碎影悠。
意欲洗心同暗洁，双凫化鸟与天游。

又

百丈寒泉映日辉，悬流激宕溅珠玑。
神龙喷雾能为雨，认作回风舞雪飞。

又　张元定

石岩潺湲溅苔矶，道有神龙是也非。
为想禹门将变化，腾空飞舞雪花飞。

又　包文烈

层岩百丈号龙湫，云锁玉峰水自流。
六出俨然随涧落，临风卷舞更悠悠。

点头《梅氏家谱》中的地方社会文化

舒璋文

点头《梅氏家谱》不仅详细记载了梅伯珍晚年在家中致力于家族历史的整理工作,还载有梅伯珍晚年归隐家乡后亲笔所写的《筱溪陈情书》,这些都是梅伯珍本人所见证的地方历史。下面围绕族谱资料,从梅伯珍其人、《筱溪陈情书》、梅伯珍对民众生活的关怀等几个方面略加考述。

一、茶商梅伯珍

梅伯珍是清末民国时期福鼎茶行老行家、福建著名茶商,将福鼎茶叶推向世界发挥了重要作用,在茶商界有"梅占魁"之尊称。① 其出生于福鼎市西南部的点头柏柳村,该村是福鼎大白茶、大毫茶的原产地。据《梅氏家谱》记载,第三十三世代有梅伯珍者,以种植、制作、经营白茶起家。与福建茶业泰斗庄晚芳等共同创办白琳茶厂、点头茶厂、迭城茶厂等三茶厂。他把福鼎白茶推销到天津、香港、南洋等地,声闻闽江,榕城人尊称他为"梅伯"。"以发明茉莉花茶采制研究奇术,通销各国遍全球"。"梅占魁"之称,是较有成就的近代茶人。② 茶学家庄晚芳先生很赞赏梅伯珍,在其六十六大寿时赠送了他一幅牌匾,书曰"莽苑耆英",赞扬其对茶叶的改良制作"尤有心得,是为诸商示范"。梅伯珍见证了近代福鼎茶业的起落兴衰,是闽东茶界承前启后的人物。

---

① 冯骥才:《中国非物质文化遗产百科全书》,北京:中国文联出版社,2015年,第603页。
② 福建省文化厅主编:《福建非物质文化遗产传承人图典(二)》,福州:海峡书局,2010年,第266页。

筱溪公传略

吾先祖父字伯珍，号筱溪。系奕裘公第五子也。少时孤哀，困贫之家，勤耕苦读，志气立强，天资灵敏，过目不忘。中年业茶为生，业颇利，家道康。公为人忠信，为诸商所信用。于民国廿八年（1939年）推公为福鼎茶业新设示范厂总经理兼副厂长。继于廿九年（1940年）聘公为福建省茶业十厂联合采办经理。公能通汉文知英语，曾经推选南洋新加坡及国内外大埠名市，声闻闽江，榕人有"梅伯"之尊称。公以发明茉莉花茶采制研究奇术，通销各国遍全球，号曰"梅占魁"，即是也。晚年归家，粗衣布履，以勤俭教养儿孙。公为人慷慨，至民国十六年（1937年）廿八年间，首介双平桥闽市鼎邑新旧会馆。公一生仁慈忠厚，乐善好施，凡贫苦亲邻及族党不能丧葬者、娶者、因贫病者，皆以助之也。因争而讼者其排解也。有翠郊十甲亭之首董事也。享寿七十有三，其中遭匪、倭寇，次次之离也，皆以不难，以得解脱。得而善终，卜葬丘坟。

梅秀菁题

二、陈情纾困

（一）《筱溪陈情书》介绍

筱溪陈情书

余兄弟五人，我居其少也。慈父在日，原爱子读书因家清淡力难肆业，故我笔不能文，素对朋友往来自觉惭愧。奈年未及冠，慈母逝世。

至二十二岁婚娶陈氏，同时兄弟五人各分其爨。因家无实业，慈父支持不下，故分爨时余负有微债，仅分小店屋溜半，茶园数坪，余无别业。但承批长垅田一箩，田主即店头张品超君。收管历年，至冬送租之际，无能请工帮助，惟苦心戮力，不分昼夜挑送，是时苦况莫可言宣。幸蒙岳父陈君奉来白毛茶苗树十株，嘱余开山栽种，历年分枝同插，不数年间可收获六七十元。斯时夫妇朴俭耐劳，至余年三十，俭积创置田租念零担。不幸慈父逝世。苦劳成病，遍身浮肿，调医一载，体不复原。

思无良策，改农就商，贩茶两载。适邵君维美开庄采茶，乏人助理，邀余合伙。幸自合股五六年以来，生意颇见顺利。递年，往省售茶结账尽归余负责。对于往来交易，概无失信用。蒙马玉记老板视余诚实朴俭，生意另眼相看。民国甲寅、乙卯两年获利颇厚。余将居之小屋拆去改建明屋七溜接连厨房。其基地系怀安两房之公田。余多方设法，即将手置之良田与两房对兑，约一兑三之田额，幸两房诸人满意，方成美举而屋落成矣。又以岳家之屋失慎，余邀请岳父来家，奉侍十余年，如亲父款待。至弃世时丧葬亦从丰办理。所有地方桥亭道路、先祖坟墓损坏无不乐助修理。至排难解纷，遇贫苦亲邻，一概悉心，酌量补助。善事无不积极解囊，故前清创设自治水郊区票选余为副议长。

兹值民戊午至庚申三载，中国与俄绝交，茶叶失败连年折本。及马玉记行倒闭，欠计亏大洋九千余元，余所应派之欠款，即将手置田业变卖清偿各债主，丝毫不亏他人。正思歇业弃商就农，蒙福茂春茶栈来函，唤余接洽生意。是时长儿毓芳能帮助茶务。自此采茶历年均有利益。至于民十五年（1926年）省中茶市欠佳，该存省茶件五百余箱，改配去牛庄、营口售脱。因张学良反国，汇水大跌，亏本甚巨。越民十九年省垣茶亦滞市，吴忠水君议向福茂春合伙采办配往南洋各埠销售，聘余出洋经理。本不允往，因福茂春再四邀求，情面之下不已前往实叻波①茶投振瑞兴洋行代售。因售款被渠透用，嗣后汇水渐涨过半，无力偿还，惟用局骗手段报云茶款均赊挂荷兰、仰光、暹罗、槟郎屿、诗诬、棉兰各埠。其二次派余再往南洋各处追收茶款，查各埠茶款均被振瑞兴收去透用，仅剩无几，甚至任叻与渠涉讼公庭以无法取领，被倒账去四万余元。余亦已照股分派丝毫不累股东，故福茂春知余素有信用，二年亦邀余再合股中重整，采办天津。幸南洋倒欠亏本由天津获利抵补矣。

余一生固守信用名誉为宗旨，故茶叶前途失败数次，均仗朋友扶持。民廿年福州福鼎会馆茶帮票选余为会计。时存有公款两万零元，屡被学界觊觎。茶帮佥议受置产业，适有恒昌埕旧同昌库屋全座三进并花园，购来业偿去大洋银二万七千元，中租税契约去一千八百元，因存款不敷抵额，由余向华南银行押借七千元以成其数。原想二三年中

---

① 实叻，指新加坡。新加坡是梵语"狮城"之谐音，华侨多称其为"实叻"或"实叻波"。

间亦可清偿借债,不意茶业失败香金减收又兼厝租跌落,甚至民廿六年计纳息还本筹除外,更欠一千三百零元。其会馆用度欠款六年中间诸董事概置之不理,独余一二年继续建正屋七溜、左右厨房及门楼,以两载之间,二屋均已完竣矣。所有各等用款,均归余负责,分文无摊派各儿,惟土木匠粗工伙食分派各儿。

诚值民廿八年茶业官厅统制,幸华大公司十厂联合采办,聘余为经理参加股中,计采办一万三千零件。适值中日战事,全部之茶配运香港出售,幸得外汇银水获利颇多。民廿九年余六十有六岁,不意福建省建设厅长创设示范茶厂分厂白琳采办。省派庄晚芳局长、游通儒厂长、陈大鼎主任聘余为福鼎示范厂总经理兼副厂长。奈余素本无能,未敢就职,但上峰命严催辞而未准,不已屈就。厂设三处:白琳、店头、选城,计采办五千八百有余件,幸是春获利甚厚。蒙上峰给赏奖状,送匾额一方,文曰"莽苑耆英"①。(民国)三十年(1941年)方颁聘函,嘱余继续经理,惟再三脱辞,年老多病,眼花耳聋,未敢任事。幸上峰垂怜,体念年迈,准许辞职。是年茶季上市,适值日本战踞闽城。斯时该厂各人员解散,幸余辞职以免牵连。余平生行事无过,见善思为,故遇匪何金标,在省遇倭寇过境,数次擒获,临难解脱,此为现世之善报也。刻因年老在家闲居无聊,即将族谱研阅,所有上祖坟墓坐落向首,并坟山列有界至者,援笔抄录。续录华翁公本派子孙生卒添丁,纪列一册,以备后人稽考。

梅伯珍亲撰的自传体笔记《筱溪陈情书》,主要从个人生命周期角度叙述了年轻分家、茶事细节、行商履历等事宜。据《筱溪陈情书》记载,梅伯珍年少"因家清淡"难以支持学业。未满二十岁,梅伯珍的母亲逝世。在他二十二岁那年与点头连山陈正聘的女儿成婚。梅伯珍完婚不久,因为家里没有实业,父亲亦难以支持,就让梅伯珍兄弟五人分了家。父亲分给他的是溜

---

① 匾中跋文内容曰:"筱溪经理业茶有年,素抱国产为宗旨,对于产制之研究尤有心得。本年襄助鼎厂改良制造,足为诸商示范。将来闽茶之生色,实有赖于先生之赐也。爰弁数语,以懿厥功。时民二九双十纪念。"此匾实物至今保存在其曾孙梅宗亮家里,是福鼎茶业的重要文献资料。

半小店屋和数坪茶园,除此之外就没有分到其他家产了。① 幸运的是,梅伯珍的岳父陈正聘送来数十株福鼎大白茶茶苗,梅伯珍初次尝到了茶叶带来的甜头。几年间,白毛茶园逐渐形成规模。到梅伯珍三十岁时,父亲不幸逝世。他劳苦成疾,全身浮肿,身心俱伤。于是,梅伯珍在家调养了一年,身体才复原,这时梅伯珍,决定改农就商。第一个合伙人是邵维羡。1907年前后,邵维羡在白琳等地开茶庄,因缺乏人手帮助,便邀梅伯珍合伙。随后六七年间,他们的茶叶生意做得很顺利。② 梅伯珍第二个合作伙伴是福茂春茶栈。在清偿各债务后,他"正思歇业,弃商就农,因张学良反国,汇水大跌,亏本甚巨"③。1929年,吴忠水和福茂春合伙采办茶叶,并配往南洋各埠销售,聘梅伯珍出洋当经理。1931年,福州福鼎会馆茶帮票选他为会计。到1939年,茶业由官厅统制,梅伯珍被聘任为华大公司十厂联合采办经理,"适值中日战事,全部之茶配运香港出售,幸得外汇银水获利颇多"。④ 第二年,福建省建设厅创设示范茶厂,福鼎设白琳分厂采办茶叶,省里派庄晚芳局长、游通儒厂长、陈大鼎主任亲自抓示范厂,点名聘请梅伯珍为福鼎茶叶示范厂总经理兼副厂长。在梅伯珍六十六岁生日时,福建省建设厅赠送一方牌匾题曰"荈宛耆英"以做庆贺,匾上题款:"筱溪经理业茶有年,素抱提高国产为宗旨,对于产制之研究,尤有心得。本年襄助鼎厂改良制造,足为诸商示范。将来闽茶之生色,实有赖于先生之赐也。爰弁数语,以懿厥功。岁民二九双十纪念。"

到1940年,由于日军侵华,国内经济近乎崩溃,加之各地饥荒,政府勒令重加捐税。民众困苦不堪。梅伯珍此时虽然晚年归乡,内心仍心系众生。据《梅氏家谱》记载:"民国三十一年(1942年),各埠轮船停运,交通断绝,百货昂贵,茶景失败,捐税如火上添油。"《民众困苦情形录述》纪录当时"民众饿饥又被官府所压迫,惨状难言"等社会民生状况,表达了他"日夜深思,困苦万状,世界如此,情何以堪。呜呼哀哉已耳"的感受。梅伯珍为人乐善好施,遇上乡亲族人贫病困苦,邻里村外做桥修路,他都慷慨解囊,在地方享有

---

① 梅伯珍:《筱溪陈情书》。
② 福建省炎黄文化研究会、福建省作家协会编:《走进福鼎:白茶祖地、海上仙都》,福州:海潮摄影艺术出版社,2009年,第187页。
③ 梅伯珍:《筱溪陈情书》。
④ 梅伯珍:《筱溪陈情书》。

很高的声誉和威望,曾被推举为翠郊十甲亭首董事。①

梅伯珍平生勤劳俭积,创下不少基业。现保存完好的有他出生地故居和他在1936、1937年间亲手缔建的七溜民房,以及左右厨房和门楼。出生地故居在下新厝,四合院一天井加门楼格局建制,由梅伯珍祖上梅光国建造。故居正厅悬有牌匾"积厚流光"。② 其抄录的《文、章、华、国四房阄书》中记载了梅伯珍为四个儿子分家时候的情形。其敦敦教诲其儿"无忘父亲一生不辞劳苦,两次往返南洋,披星戴月俭积成家",分家目的是使"木分枝而畅茂,水派别而长流","新构居庐,分立门户,以为枝枝畅茂",即期盼家族能开枝散叶,获得良好的发展。其分家的内容除了房屋外,也涉及了茶园山场荒地菜园等事宜。分家的规则是"置田业屋宇以及余款,除抽公抽长外,概照四股均分,拈阄照管,于兹无异矣"。为保证丧葬祭祀能顺利进行,他在《筱溪遗嘱》里还明确规定四房需轮流祭祀。文中寄厚望于子孙:"处事唯读书,居家宜积善,固名誉,守信用,万勿计算贫民,切莫贷放高利"。③

(二)民众困苦情形

民国三十年(1941年)民众困苦情形录述④

民三十年(1941年)各地饥荒,政府勒令重加捐税。民众困苦情形录述于后。

余年六十有七,不幸遇此非常时期,无日不为可虑矣祸。我国南北自相残杀数载以来,继及频年遍地土匪蔓延,劫夺财物焚杀无所不为,因而流离破产民不聊生。继之抗日未决,抽丁捐款,月月如是,叠叠相加,害民众无一日安然。至六七月间各地闹饥,粮贵极点,秋米每市斤价沽一元奇。薯米豆麦一切什粮价格亦随其高涨,而且无处采购。饥

---

① 福建省炎黄文化研究会、福建省作家协会编:《走进福鼎:白茶祖地、海上仙都》,福州:海潮摄影艺术出版社,2009年,第189页。
② 福建省炎黄文化研究会、福建省作家协会编:《走进福鼎:白茶祖地、海上仙都》,福州:海潮摄影艺术出版社,2009年,第189页。
③ 参考浙闽梅氏网,网址:http://www.zmmsw.com/News_view.asp? id=37,2017年9月1日10:20查阅。
④ 本处原家谱里没有标题,为便于整理,选家谱里原文句子作为标题。

民绝食,啼声载道,困苦难言。山上树叶野菜采取吃尽,一日一餐并日而食者甚众,饥饿难堪自杀者亦复不少。百户中五户有粮被……军粮。重叠捐派,负担过重,亦随其饿者有之。是时,日寇战距闽垣派军未捐军粮一月数次,百姓十室九空,上峰只顾下民由有可说不幸创设公沽局各户粮食检查登记,一月搜查数次,存粮之户被获,照囤积居奇论罪,将粮充公。无囤之家若临时分派军粮未便者,即行据案究办。想民国政治如此,虽忠厚民亦难避免无罪,奈何余今人世不久,视此民众饿饥又被官府所压迫,惨状难言,亦无法补抗,日夜深思,困苦万状,世界如此,情何以堪。呜呼哀哉已耳!

民国三十一年(1942年)交通断绝百货昂贵茶景失败①

民国三十一年(1942年),各埠轮船停运,交通断绝,百货昂贵,茶景失败。捐税如火上添油,宅地税改名自治捐,比旧合而八倍,合邑约加百万元,又储蓄券押迫吾鼎购买一百万元。收购余粮勒派全邑三万担,又派积粮数千担,较其价格,须损失二百万元。建设福安高中、福安初中校舍捐派五万余元。更有各乡镇逐月分派战时事业费,及兵差过境补助壮丁家属并训练费等等,亦未计上,又有不及载之。百货捐得利税过份得利税叠沓相加,无奇不有。屠宰捐糠猪连毛每百市斤纳捐税,所有酒捐、坐卖营业税、鱼捐、布药业、百货捐各项税额重加数倍,难以备载,故各市镇大商店完全歇业。最不堪者,土地陈报派员下乡丈量田亩,仅肆业两月,毫无研究,只知勒利,无论土地高低肥瘦山田茅之胡一石量变三石不等。日后加粮,如何纠纷亦难逆料。是时民众如居汤火之间,膏脂吃尽,困苦难言,非借天作纸笔难尽述。民众未知何时能脱离苦海,实现三民主义,抗战胜利,肃清日本。中国幸甚,国民幸甚。

是年宅地税改为自治捐管浮乡计配三万九千三百二十元。毓芳派二千元,毓厚派一千八百元,毓淮四百元,应光三百六十元。另有九款什捐,又派余名一千四百零元。钱粮改田赋实物。本户等计完纳净谷九千零斤。积谷并军学粮在内比较从前完纳超过数十倍之多。

---

① 本处原家谱里没有标题,为便于整理,选家谱里原文句子作为标题。

三、家业传续

文、章、华、国四房阄书

　　立阄书梅筱溪。盖闻兄弟本是同根，子孙原乎一脉。木分枝而畅茂，水派别而长流。物且有焉，何况于人乎！予承前人福荫，幸育四男：长毓芳，次毓厚，勤俭就商。三毓淮，朴习务农。四应光，肆业于省师范，虽未成材，颇成商界耕读之家。斯时缘何金标土匪祸境抢劫，后频年闻匪氛渐近，无不预备脱逃之计。儿眷等各自疏散，东搬西寓，躲者未敢集合一处。是时家势虽不减色，而用费过于浩繁。兹予夫妇年届六旬，孙辈林立，议及时局不靖，倘不预早设法，恐难完卯。言念及此，嘱各儿而来，议及前因而云予继志先人，无忘父道。亲一生不辞劳苦，两次往返南洋，披星戴月，俭积成家。以为子孙计，则望吾儿兰桂腾芳，故新构居庐，分立门户，以为枝枝畅茂、脉脉盛隆之意。谨择良辰分为文、章、华、国四房所有。予手置田业屋宇以及余款，除抽公抽长外，概照四股均分，拈阄照管，于兹无异矣。但三儿毓淮原议带业出嗣，情同手足，将来予身后之日，丧葬祭祀一切均照四房轮流，诚不准另生枝节，伤碍手足和气也。此后务须克遵父慈兄友弟恭，黜奢从俭，丕振家风，是余之所厚望焉。爰立门书四册，各执一册为据。其茶园山场荒地板菜园地及厕所柴房余地，概载于原阄书之内，各房原阄照管，于兹无异，无庸再嘱。此附。

　　中华民国三十三年(1944年)腊月吉日立阄书梅筱溪　亲笔

　　另抽后井外洋田一号，该价原系文、章、国三房应得树木出判款，念元补入购买，余今酌将民国乙酉、丙戌、丁亥三年之田租，听文、章、国三房各收一载，以抵前款。自戊子年起该田归文、章、华、国四房次弟轮流祭扫，收租永无变更，特此附载。

　　筱溪亲笔
　　公证人：缪联璘

筱溪遗嘱

余年勤劳俭省，积数十年之基业，以为子孙计耳，惟爱后辈，愧无以者成名，不能继先人之志，莫奈伊何。处世惟读书，居家宜积善。固名誉、守信用，万勿计算贫民，切莫贷放高利。谅己谅人，知过必改。存时之悔过，思日之行为。因事相争，无论是非，宜让步。当忍一时气，能免百日之忧。凡事当留余地，饶人岂是痴汉。教子应勤事业，莫使游手好闲。嫁女择佳婿，娶媳求淑女，无论贫富贵贱。居家戒争讼，行事要和平，勿计曲直是非。戒奢华，守本分。父慈子孝兄爱弟敬，逢事相量，莫伤和气。见贫苦亲邻量力补助，遇朋友患难理应向前排难解忧。戒杀，放生，行随时之方便。继先人余泽，积载世阴功。儿孙自有儿孙福，莫与儿孙作马牛。因果无差报应不爽。世事如浮云，不得强谋势利。人生数十载，何必利己损人。到无常时万般带不去，惟有业随身。遗臭传家，虽安何乐，恶名载世致富奚为？务使后人遵余之所嘱耳。

民国三十年（1941年）梅筱溪　亲笔

磻溪《林氏宗谱》中的地方社会文化

刘长仪　娜木罕

林姓是汉族大姓,其来源十分悠久。在历史发展长河中,林氏后裔名人辈出,有北宋诗人林逋,南宋画家林椿,清代政治家林则徐,清末维新派林旭,以及当代文学家林语堂,民国政府主席林森,无产阶级革命家林伯渠等一大批数不胜数、影响重大的杰出人物①。福鼎磻溪林氏是从浙江迁徙而来,其族谱中保存了不少记录其家族移居历史与宗族建设、乡土文化的珍贵文献。兹摘录其中部分如下。

一、族谱与地方历史构造

(一)磻溪林氏源流

磻溪始祖遇公派下统谱记

北宋太平兴国三年,始祖遇公自浙江昆阳(今平阳县城关)迁入磻溪,迄今千余年,公娶陈、郑、苏三氏,生八子:达、盛、德、赠、宠、勇、威、透公。至五世,盛公之曾孙桂公迁紫岭,为紫岭之始祖。桂公后裔人丁兴旺,繁衍多支。叹世事变迁,沧海桑田。咸丰三年,因天灾人祸,磻溪、紫岭分祠立谱,各取行第,百余年之久。今逢盛世,国强民富,香港、澳门相继回归中华,诸姓大兴连环统谱。磻紫二地相距咫尺,为同源之水、同根之木,磻林后裔共识合谱乃大势所趋、众望所归矣。公元一九九五年林秀金、林开讲、林代敏、林崇健、林钲基等公统领各村首事,倡

---

① 《甲申重修序》,载《济南郡磻溪林氏宗谱》(卷一上),2004年重修,第2页。

议重修宗祠合谱大计,继耗资二十余万元建成南山宗祠。并于一九九九年十一月择日进祖,磻溪、紫岭天、地、人房,梨洋、古坪、点头、翠郊等各房后裔,数千之众聚于南山宗祠,祭拜先祖。至二零零三年癸未六月,筹备统谱事宜,继而重修族谱,以振十德家声。翌时,林开讲公题吾宗祠门联曰:脉从姥峰忽开胜景,气连紫岭高举文星。正是吾族当前昌盛之写照,实为幸甚。

时二零零三年癸未荷月
济南郡磻溪林氏修谱筹备组①

新修谱序

闽鼎一派始祖讳遇公,大宗昆阳,迁居磻溪,而后人丁繁衍,徙居梓里,初为一祖之裔,蔓布福鼎之域。时经年湮之久,兴盛数千之丁,如水万川,源流一脉;若树千支,共根一本。则能承先启后,必藉诒谋;敦本流源,须资绳武。故国有玉牒,家有谱。古言无谱宗亲情疏义绝,家乘联络维爱更深。仰望林氏之谱,前从民国癸未葺修,迄今卅有八载,若再延期,恐老归篷境,事实难征,履历无稽。倘隔了同里,未能熟识;问及姓名,难称辈号,因此谱之所修岂可缓哉?共和庚申冬间,有代岁、代疆、肇椿、肇享、宪基领同姓诸兄等,诚心爱族,感祖德之惠沾,召集同宗会议重修之要点,男女欢呼,老幼并悦。依照旧谱内纪重翻,善继善述,删去首卷序赞;唯精唯光,各处缮绎新丁。

时公元一九八零年葭月榖旦
浙平灵溪渎浦居士曹元会②

甲申重修序

考磻溪林氏宗谱,一世祖遇公于宋太平兴国三年,由昆阳(今浙江平阳)徙居闽之磻溪,拓基立业。二世祖透公功勋显卓,敕封山东上将

---

① 《磻溪始祖遇公派下统谱记》,载《济南郡磻溪林氏宗谱》(卷一上),2004年重修,第143～144页。
② 《新修谱序》,载《济南郡磻溪林氏宗谱》(卷一上),2004年重修,第80～81页。

英烈侯王。七世光祖公问榜进士,任尤溪县令,升桂阳金判。八世桂发公进士及第,任平江府昆山县知县,转平海军金判,兼南安宗簿,御赐绯鱼袋。八世汝峡公三十四岁中武状元,官至琼州、彬州安抚使,嗣后出父子拔贡、十八秀才。近代大学生、硕士生、研究生层出不穷,可谓鼎邑之望族也。

  公元二零零四年岁次甲申蒲月穀旦
  柘荣县双赢氏章其威拜撰①

重修谱记

  遇公自浙昆迁磻千余年,历经宋、元、明、清、中华民国、共和历史时期,源远流长。至明清末年,国之动乱,民不聊生,故而族事中断,谱系失传,资料缺漏无考也。溯吾族自殷比干至禄公入闽,乃至遇公迁磻西宅,近四千年传一百七十余世。

  公元二零零四年五月
  修谱理事会②

(二)族谱重修增修

重修族谱序

  吾磻自宋迄今八百(年),其间经兵燹去坟墓者屡矣。然祖德宗风、昭穆世系犹班班可考。非累世有贤者厘而正之,则代远年湮,鲜有不凌者矣。谨按我林世谱,创自宋择斋公,历宋而元而明,迄梅源公,凡四修。至国朝则唯东白公以修谱闻,嗣则高祖文溪公同族叔祖深亭公纂立房谱。又四十年,而有先伯祖思川公同先生父允亭公重辑之。乙卯之变,我家焚掠,无一存者,而是谱顾安然(无)恙,盖宗祖之神灵有以呵护之也。虽然自东白公而后,族中闻有所修,均属房谱,未免亲详而疏略。考之谱序,则全族世谱阙修,将及二百载矣。比年子姓日繁,乡俗

---

① 《甲申重修序》,载《济南郡磻溪林氏宗谱》(卷一上),2004年重修,第1~3页。
② 《重修谱记》,载《济南郡磻溪林氏宗谱》(卷一上),2004年重修,第4~5页。

人情渐与古异,然欲萃涣合离,兴仁讲让,其道莫先于修谱。援春秋责备贤者之义,则族中士君子之责也。丙寅秋,族弟达夫偕族侄柱卿过皋兴,言及此,慨然有修举废坠之意。宗祠秋祭日,集诸父昆季议,无不踊跃,遂择吉聘黄兰郏先生司其事。先生名记云,霞浦柘水之名贡士也,秉腐迁之笔,任修纂之劳。自丙寅季秋,历丁卯季夏,凡阅十月而谱成。其中正讹补阙,扬节烈,彰善行,以及昭穆次第、生卒婚嫁、坟茔坐向,织悉不遗,披览之,灿若列眉。月之二十九日,以谱竣告祖,一姓之中,(为)子若孙,牵牲赞币,济济一堂,(此)之道着之明验欤。虽然事以人举,是役也,凡参订校对,与夫征状鸠赀诸琐屑,皆达夫一人身任之,二百年不举之功,一旦而集,虽皋同柱卿倡始,其实皆达夫力也。士君子徒通显席,素对大都,问舍求田,为子孙谋温饱;其贤智者又或好为寻章摘句,镌碑镂版,自负为者作儒,而于亲亲之道皆置不顾。呜呼!本实既拨他何足观也?如达夫者,可以风矣。皋愿后之继起而杰者,毋舍本图末,时深(为)木本水源之念,计数十年复起,而缵修之,庶祖德宗风,其世守弗替欤。至于氏族之源流,与历代之显晦,则世择斋公诸谱序记之详矣,兹不赘也。是为识。

时同治六年岁在强圉单阏林钟之月

天房廿七世孙希皋谨撰①

重修族谱序

吾磻自宋择斋公首制谱牒,明亲亲之义以为后昆法,迨元明间,唯梅涧、梅源二公有修之。经兵火其传俱失,幸我太祖东白公于国朝顺治间重辑之,遗泽虽在,仅延一线之传。迨后则若深亭公、文溪公,及先曾祖乐水公暨先伯祖玉山公,各有修明房谱之功,其实均仿诸东白公之谱也。然自东白公而后,则通族合修之谱停而未举者,于今计二百余年矣。近来族姓颇盛,分迁渐多,而风土人情殊不如昔,亲间疏强凌弱,甚至一本之气脉,相视如秦越者,比比而然,究之谱未修之失。而丙寅秋,族兄于九偕房侄柱卿诣璋,与言及此,闻之不胜慨然,盖同切水源木本

---

① 《重修族谱序》,载《济南郡磻溪林氏宗谱》(卷一上),2004年重修,第62~64页。

之怀焉。宗祠秋祭日，伯叔昆仲咸在，与谋此举，皆忻踊跃。爰延霞邑柘水黄明经，名纪云，号兰邺先生，主纂修之任。先生素裕学识，凡厘订修辑甚多。开谱后集诸房谱而折衷之，扬美行，旌节烈，晏如也。自丙寅秋起修，至丁卯夏而谱竣。展卷阅之，其间纲目世次，以及生卒、婚嫁、坟茔、宅地，无不了如指掌，则庶乎，祖宗之源流明，子孙之昭穆序，俾览谱者，有以发其敦本睦族之思，斯宗风丕振，孙谋自长，是即修谱之有裨族中也，不亦善乎！兹届族谱告成，不揣无文，因识数言，以明其所自始云尔。

　　时同治六年岁在丁卯荔月
　　地房廿七世孙国璋谨识①

重修族谱序

　　吾磻遇公为始迁祖，自宋迄今千百年，屡经兵燹，谷变陵迁，不绝如缕。非先世择斋、梅涧、东白、文溪、乐水、玉山诸公，代起而缵修之，则历年既久，恶能数典不忘如是耶？然自东白公而后，全谱阙修几及二百年，今族盛人众，派别支分，不修且失其序，余为此惧。于丙寅秋，偕族叔于九、达夫倡修，延柘水黄兰邺明经主其事，汇集诸房谱综而折衷之，更一寒暑而谱竣。其中讹必正，阙必补，分图纪，辨昭穆，以及生卒、坟宅，无不毕具，捧读之下，了如指掌。季夏竣，择吉告祖，子姓咸在，冠裳毕集，祭毕而燕。联一本之亲，序天伦之乐，诚我族盛举也。后之贤子孙知士君子敬所自出之意，守而弗替，则千百年统绪不藉，是以延欤。吁！是则余之所厚望也。至若氏族之由来，子姓之繁衍，已详择斋公源流序，余不文，亦不赘。

　　时同治六年岁在丁卯林钟之月
　　地房廿八世孙居坦谨撰②

---

① 《重修族谱序》，载《济南郡磻溪林氏宗谱》（卷一上），2004年重修，第65~66页。
② 《重修族谱序》，载《济南郡磻溪林氏宗谱》（卷一上），2004年重修，第67~68页。

增修序

　　紫岭利洋林氏之为谱，稽其先系，出遇公、听公，递传递衍，代有闻递。

　　而今林氏位访石怀，诸君有尊祖敬宗之念，客岁乙亥秋，同心协力，起而增修家乘，延拙缮写三部，分存各房。虽或利洋派远，居西之桥，而按谱以稽，不啻兄弟子侄之近聚一堂焉。族谱之修，斯其最著者乎，予盖见林氏诸君，忠厚传家，辛勤置业，均得唐俭高风。而又见曙三与晓三、克犹、克投、珠三、冠三、石炳、崇炯、鸾三、教三诸先生，襟期磊落，有大雅度，故能亲比疏附，不失敬宗修谱之道，功良伟矣。夫业光于前者，自必裕于后，则诸先生之迎祥庆谒霭，以为家乘辉者，曷有既哉。是为序。

　　光绪丙子年腊月吉日
　　温平徐肇修拜书①

甲辰年修谱记

　　甲辰春，余友壁州以磻溪林氏族谱延余修辑。余谊属葭末，虽无文，敢辞执鞭，遂以谱投辑焉。后晤林君钟卿谈及修谱之事，钟卿毅然兴曰："磻溪与车岭同出遇公，一连血脉，况前谱之修，亦同一手笔，磻谱既修，车岭亦当举行焉。"钟卿退与族内，履诏克物、上瀛诸君，议修兹谱，众皆踊跃乐从。于是汇集前谱，披阅源流。古称州东之族，莫盛于林氏者，信其然欤。予本蛙见，蒙诸君不弃，悉膺阙任，亦不敢稍参已见，妄自增减。统凭旧之谱式，综复而折衷之。其间讹必正，阙必补，编图纪，明昭穆，以及婚嫁、生卒、坟宅，无不毕俱，捧读之下，了如指掌。至于林氏发祥之始，支派源流，盛衰显隐之故，前代已叙昭然，谱牒可不复赘。兹同涂鸦，甫竣，爰识数语，附之谱端，请质高明。

　　时光绪甲辰年冬
　　霞浦长歧赞臣吴兆述拜撰②

---

① 《增修序》，载《济南郡磻溪林氏宗谱》（卷一上），2004年重修，第72~73页。
② 《甲辰年修谱记》，载《济南郡磻溪林氏宗谱》（卷一上），2004年重修，第68~69页。

重修济南郡林氏族谱序

甲辰春,余在翁溪,彭姓族谱告成,日适有使客袖书一纸,系吾友林君璧洲手书。展诵之下,知倡修磻溪林氏族谱,聘述执笔。述谊附葭末,虽无文,敢辞执鞭之任,遂命舆庋止,择吉告祖,披览源流。复受姓得封之由,聚居成族之始,考之文献,若合符节,非若他姓牵附华胄,铺张扬历,徒壮观瞻者。比厥后自宋季遇公奠安磻土,迄元而明而清,历有五百余载,其间名登天府、身列胶庠者,指不胜屈,古称林氏之族,甲于州东,信其然欤!昔韩昌黎云:莫为之前,虽美弗彰;莫为之后,虽盛弗传。为子若孙者,能善继其志,善述其事,则祖宗之统绪,自可绵千百年,而弗替之。所关岂鲜浅哉。述忝居门下,不能奋发图进取,掇芹后,遂弃举子业,而于欧苏二公谱法,二十余年潜心考究,颇堪自信,兹辱承诸君不弃,委以纂修之事,述不敢参以私意,依旧谱而更新之,更一寒暑而谱竣。庶原委足寻,条理不紊,灿然可观,后之贤子孙不忘尔祖者,当奉斯谱为龟鉴焉。

时光绪丙午蒲月前五日
霞浦长歧赞臣吴兆述拜撰①

重修族谱序

我磻自宋迄今千有余年,时代屡易,兵燹几经,而世系支派昭然可考者,谱存故也。然谱所由存,则前人纂修之力,忆自同治丁卯先文林于九公,偕族叔达夫公、族兄柱卿公,惧坠前修,重加纂辑。荃于是时尚未冠,距今又将四十余稔矣。甲辰春,嫡堂弟永珍复有志继述,慨然以修举为己任。荃自维年屈服官,既不获立身扬名,为我族光;又不能著书立说,为传后计。则述祖宗功德,叙世代源流,以联氏族而笃亲亲,固乡人士责也,奚敢辞。因怂谀其事,延霞邑文学吴君赞臣名手笔共襄斯举,阅两寒暑,工始竣。其间纂记传述虽不逮史之谨严,而别派分支因

---

① 《重修济南郡林氏族谱序》,载《济南郡磻溪林氏宗谱》(卷一上),2004年重修,第74~75页。

人纪事，犹秉笔直书意也。后之览兹谱者，考世系，稽事实，一目了然。应亦知制作之详、纂修之备，其文固不让于史也。夫是为序。

时光绪卅二年岁以丙午梅中浣日

天房仲派二十八世孙荃拜撰①

重修族谱序

吾磻溪林氏谱创自宋代择斋公，由宋而元，而明而清，其间仅七修。自清光绪丙午重修，迄今又有三十七载矣。早想修辑，缘历年担负教育，无暇及此。迨年臻六十有一，蒙上峰准以归里，给予养老以养余年。壬午春，族侄孙剑农、乃曾、卓如、高谷，侄曾孙淮石、玉溪等，咸知修谱为急务，专足致书云："我磻旧谱两遭兵燹，无复存者，后幸秀出公集房谱而修之，始有今日之族谱，现停修有三十余载，老成半皆凋谢，又值此时局不靖，风鹤屡惊，如不急起缵修，倘遭不测，即废坠先绪。叔祖为一族之长，夙素有修辑之志，今卸教务，敢以总纂之任劳叔祖。"

余展诵之下，欣幸协修有人矣，不揣衰耄之年，遂束装回梓，择吉起修，征状鸠赀诸务，侄孙剑农等分任。振老迈之精神，理荒芜之笔砚，朝斯夕斯，无敢怠忽。但旧谱系纲目另列，今议改为纲目并载，只期查阅便于另列也。其余依照前例，录其旧，增其新，不敢稍恣私意，历一寒暑而即成两帙。庶原委足寻，条理井然不紊，维是当乘暮之年，秉腐迁之笔，精神颇散，其中难免无误漏之虞。尤愿后之贤子孙阅一世有更修之，如有误即正，漏即补，以求斯谱之尽善，则敦本睦族之道可世守勿替矣。是为序。

中华民国三十二年岁次癸未蒲月中浣八日

天房廉派二十七世孙际春谨撰②

重修族谱序

我林族谱自宋择斋公创立，而后宋而元，而明而清，代有继起而纂

---

① 《重修族谱序》，载《济南郡磻溪林氏宗谱》（卷一上），2004年重修，第76~77页。
② 《重修族谱序》，载《济南郡磻溪林氏宗谱》（卷一上），2004年重修，第55~56页。

修之者，其间或屡经兵燹，而致遗亡；或只详本支，而略疏远。考之谱序，全族世谱阙修几及二百余载。迨清同治丁卯，而有先大父于九公偕族叔祖达夫公、族伯柱卿公修之于前；光绪丙午，又有先堂伯壁洲公重修于后。经兹两次编辑，而谱牒遂灿然大备。迨今又将三十有七年矣。比岁世风愈下，古道泯然，甚有因锱铢之争，而至亲视同陌路；或以睚眦之怨，虽同室亦衅起萧墙。未始非谱牒不修，亲睦之道不讲，阶之厉欤。且值兹国家之多故，匪乱相寻，迁徙流离，络绎不绝，族中士君子慼焉，尤之莫不以废坠是惧。辛巳秋祭日，叔弟侄辈倡议修谱，谋之族人，咸踊跃赞同，于是佥请从叔祖爵廷公主纂修之。任间如征状鸠赀诸役，各房分肩其劳。起壬午季春，讫癸未首夏，更一寒暑而谱成。其中旧者仍之，新者增之，支分派所，别然不紊。后之才智者出，更数十载，而复修之，继继绳绳，历千年百年而勿替，是则有望于我族之贤子孙者。虽然谱牒修而敬宗睦族之道得矣，由是推敬宗之心而爱国，扩睦族之义而合群，由一族而联全民族，驯致于世界大同。是则族谱虽微，其关系不綦重耶？至于我族世系之源流，历代之显晦，已详先世诸谱，序兹不复赘云。为识。

中华民国三十二年岁次癸未蒲月
天房汉派二十九世孙骧谨撰①

新修林氏谱序

前谱修于民国甲戌，迄今四十五年有矣，所以翔基、俭基急于修纂之举也。谓余社会之前提、民族之主体何为，家族于谱焉。国有史志纪纲，无非紊乱；家有谱牒知稽，考兴衰为鉴，咸立发扬。幸有紫岭翔基，虑于先人创立艰辛，以谱牒为本，恐延余年湮，混淆于生、婚、卒、葬，难以稽考。今阖族众议修谱之要事，花甲之年不辞劳瘁，披星奔月，累录庚甲，细心阅究，以继珍详。俾本庸才，受命以来，仿眉山欧苏之式，稽难敷衍不紊。自春至冬，今既谱牒告竣，聊叙简端，以衷贤而辑正。是为序也。

---

① 《重修族谱序》，载《济南郡磻溪林氏宗谱》（卷一上），2004年重修，第57～59页。

共和一九七八戊午年腊月榖旦

福鼎前歧彩岙垅西后人友字鹏兰拜撰①

甲申重修序

谱者,纲也。纲举目张,系统清详,追溯其根,欲知出自何源,来自何方,按谱始知源流深远,本源纯正,昭穆有序,伦序清析,故宗谱为传家之宝,而贵在常修,否则支派混昧,亲疏难辨,实等无谱也。癸未孟夏,磻溪林氏首事秀金、钲基、春基诸君,深虑本族宗谱自共和庚申年编修,迄今已隔二十余载,长此不闻不问,恐失统绪,无从考据。便召集成族各房房长,共商修谱事宜,一经倡导,博得一口赞同,并邀余执笔重修,余欣然受聘不辞,应为秉笔,季夏随即动工汇修。……本届纂编林氏族谱,林氏家族投入大量财力、物力,调集各路精英,考阅大量文史资料,对旧谱中某项误漏谬,皆严肃、系统、精准地加以考证、论定,校辑成一部尽善尽美、史料翔实、不可多得的巨著。

公元二零零四年岁次甲申蒲月榖旦

柘荣县双嬴氏章其威拜撰②

重修谱记

中华振兴,喜逢盛世,百业俱成,吾族修寺庙、宫祠,焕然一新,更欣纂谱,人心所向,众望所归。乘科技成就之东风,弃笔工,用电脑,十载艰辛,一年就绪。公元二零零三年春,首事秀金公、开讲公,力召修谱而立筹备会,征集历史宝贵资料,校正所遗旧谱内容,至农历夏月成立理事会三十余人,由各房各村主事组成。以德厚辈高秀金公为主帅,命崇健公财务管理,泽亮为总监谱,钲基、春基为主理事,代满、代欢、逢算、孟基等公为顾问,精诚所至,金石为开。至二零零四年农历甲申五月十九圆谱,而大功告成,可谓天从人愿乎。吾族本次修谱意义之大,范围之广,遍及两省三县十乡镇几十之村庄,人丁三千九百之余,为落实修

---

① 《新修林氏谱序》,载《济南郡磻溪林氏宗谱》(卷一上),2004年重修,第70~71页。
② 《甲申重修序》,载《济南郡磻溪林氏宗谱》(卷一上),2004年重修,第1~3页。

谱各事宜召开会议十余次,行遍各村,耗其精力,伤其体能,费其资金而无怨无悔之。幸得柘荣县章乃权先生为吾族修葺本谱,能尽心尽责,而一丝不苟。吾族之新谱,可谓自古至今最完美、内容最丰富、流源最深远之精典。

公元二零零四年五月

修谱理事会①

二、族谱与社会秩序

(一)修桥造福

十六世祖伯逸公重修桥记

记者何?直记其事也。余皇始祖奠居磻石溪,由宋元抵今有年矣。坤舆献奇,融结于兹,诚绵远之地也。唯东涧合流,势颇宽广,代有木桥以便徒行。阴阳家指为罗星是也。继而洚水无涯,桥随崩坠。延及正德八年,重架舆梁,表接两山,风水完萃,居者赖而安生者,因而息桥之益博矣。嘉靖二十一年,窭人寓宿,厄于熅烬,深为太息。逸等岂容坐视。虑替先人倡率,群从喻之,曰:祖迹巨湮,斯桥昌废。木之崩毁,当戒前辙。惟联以巨石,高张鳌背,上砌通衢,傍筑阶梯坚而久。虽资费浩繁,若等努宜纵臾劳,今逸后,讵不韪欤。金曰可。遂召良工,采石于五蒲半岭。始事癸卯迄功甲辰。嗟夫!此桥兴废,关风水盛衰。吾家气运系厥桥甚重,岂容忽耶。后之子孙,企踵前躅,犹今视昔,宜宝斯桥,毋遗颓圮。缺者修,凹者补,永而不坏,旌姓蕃昌,耀光前烈,端有赖于后者,则斯桥为权舆之兆矣。

嘉靖二十三年甲辰夏四月下浣②

---

① 《重修谱记》,载《济南郡磻溪林氏宗谱》(卷一上),2004年重修,第4~5页。
② 《十六世祖伯逸公重修桥记》,载《济南郡磻溪林氏宗谱》(复印本),1815年重修。

(二) 祠堂家法①

祠堂家法

一父母之恩，昊天罔极。不孝之罪，不容于死。凡吾族中有詈骂父母及祖父母者，并不供养者，或亲房或邻右即当举报族长，族长集各房长于祠堂，差令不孝之人本房房长拿到祠堂重责四十板，不服者送官惩治，再不服者亦送官究处。其或有父偏听继母诬子不孝者，又当原情不必理他。

一乡党尚齿。侮慢尊长，子弟之分安在，故伯叔兄长并当爱敬。凡吾族中有骂辱伯叔及兄长者重责二十板，殴打者四十板，不服者送官惩治，或伯叔兄长持尊凌卑，致成骂辱殴打，又当分别轻重责罚。

一争竞成风，世相仇隙，凡山场、田地等业，各有阄分契约。族内或有争执，族长房长即当向前依理劝解，毋致讼官破家，争执之人亦当细思委曲听从，如有不依经官，房族亦当抱公愤，依理禀覆，不得受贿徇私。

一礼云不孝有三，无后为大。凡族中有无子者，房族当依宗法立后、立亲、立爱、立贤、立长，一归于是，不得抱养异姓，紊乱宗支。违者祠堂逐出，不得擅入。

一妻妾之分，礼有明条。族中有妻无子四十外方得娶妾生子，其妻不得擅权阻咆，其夫不得异视敌体，若弃妻宠妾，房族亦当酌议责罚。

一嫁出之母，礼以庙绝，不可私返，殁后神主不许入祠。子或不忍，绝于虚空，设祭可也。

一孤儿寡妇最为可悯，况在吾族目击者乎。族内不幸有此，真正无依，族长集族聚于祠堂，议恤或公壳银给付衣食，或族人随其家力多寡赈济，处置生全方称盛族。

一士农工商各有其业，族中或有不士、不农、不工、不商之人，他日为奸为盗，致坏家声，族长不时训诫，倘怙终不悔。集会房长挈到祠堂重责，设法强令习业。

一凡祭田公堂之业，各依房序轮流收租办事，毋得混乱争夺。族中

---

① 《祠堂家法》，载《济南郡磻溪林氏宗谱》（复印本），1815 年重修。

或有恃强凌弱，侵占公业，族长依公谕令还归房序，毋得徇私两可。至于背卖祭田，聚于祠堂重责，仍令赎回，其里役项下祖例凭苗米当差，毋得推诿照房分配。

一奸淫盗贼国有常刑，家法不得不预为严。凡子弟游荡。本有踪迹可疑，即此预为严禁训诫防闲。倘再三不从，竟至淫盗败露，房族聚集祠堂重责四十，令其改过，再犯者送官究处。

一凡不孝不悌为淫为盗至再三，佔终不悔者，生为宗族所弃绝之人，死亦必为祖先所诋斥之鬼，永不许复入祠堂，虽孝子慈孙百世不能改也。

(三)祠堂祭仪①

祠堂祭仪

（1）祭礼。立祠堂，君子营宫室必先立祠堂，以奉先世。神着立四龛，正中二龛，旁各一龛。高祖考妣位中一龛，曾祖考妣位中二龛，祖考妣位东旁龛，考妣位西旁龛，以见专祀之意。但此乃一家之制，若吾祖姓繁衍，祠堂则中列三龛，两旁各立二龛，正中一龛，始祖神主居之。中左一龛，功祖神主居之，有功于后人仍族人者。中右一龛，显族神主居之，有禄位及高中者。东旁一龛，世大宗主居之，大房世世长子。东旁二龛，世二三房主居之，世第二第三房族也。西旁一龛，世小宗主居之，世世各房长子也。西旁二龛，世四五房主居之，世第四第五房也。复位于两庑两旁各立小龛，左右居无后殇主，右居年长室女为适人者。龛制如此，但二三房四五龛亦不必拘定。如一公生三子，长子死，主人或大宗或小宗次子则入东二龛，三子则入西二龛。如生六子，则二三子入东二龛，四五六子入西二龛。如七子，除长子入大小宗，余六子则二三四入东二龛五六七入西二龛，余依此推绘图见后。

（2）置祭田以供岁祠。多寡随宜，但给祭用可也。或宗子主之或择族内贤能公正者主之，或照房轮掌备办随宜。

---

① 《祠堂祭仪》，载《济南郡磻溪林氏宗谱》（复印本），1815年重修。

且祭品一切应用器皿立册贮锁,不得他用。贫不能备,燕器代之。选执事,通赞,引赞,司祝,陈牲,司酒。

祝板式:用木板一方,长一尺,高五六寸,以纸书祝文,粘于其上。临祭置于酒注,桌子上读毕,置于香案之左,祭毕则揭而焚之,留板后用。

祝文式:维某年岁次某干支某月某日干支某主祭。裔孙某等谨以无羞不腆之仪,致祭于济南堂上历代宗亲之灵,告以文曰:岁序流易,时维仲春(中元)追感岁时,不胜永慕,兹以粢盛庶品,祈荐岁事,凡我宗亲,咸兹合食。上飨。

(3)中元焚纸祝文式:维某年岁次干支七月望日某干支,主祭裔孙某等,今以中元节届,时当修尝,堂设粢盛,奉道荐扬,从俗有佛事、菜羹瓜果普祭天房吾林厥后,惟西宅天房行礼,故云汇堆焚炼,化作冥镪钱奉。近代食洽远亡。各有单票,毋许冥强。既歆既受,降福降祥。尚享。附俗用。

(4)定期祭。礼云冬至祭始祖,程子曰此厥初生民之祖,冬至一阳之始,故象其类而祭之。始祖丘氏谓迁居此地之祖,及初有封爵者。立春祭先祖,程子曰始祖以下高祖以上之祖皆是。立春乃生物之始,亦象其类而祭之。季秋祭祢,父庙曰祢祢近也,惟长子得祭,支子不得祭。季秋成物之始,亦象其类而祭之。今此礼亦不必尽拘,合族共祠,惟定以春秋二祭,春则以二月择吉,秋则以七月十五为期。届期行事。是日合族大小盛服入祠。盛服不在华丽,有名位者宜公服,庶人深衣幅巾,贫者布素浣洁,即是惟贵庄敬耳。白衣不可入庙。如有服亦易以墨衰,方可从事更子弟入祠。务令庄肃静谨,不得嬉笑懈慢。然前期一日,主祭执事诸人预先习仪,不得临期参差失仪,有慢祖宗,则非礼也。

(5)忌日行礼。大宗主祭居中,平行者列大宗左右,先一辈者进前一步子。侄辈退后一步,孙辈又退后一步,各以房次、昭穆立于大宗之左右,不得参差混乱。通赞唱,序立,参神,鞠躬,拜兴拜兴拜兴拜兴,平身。引赞唱,降神,盥洗,主祭执事皆洗。诣香案前,焚香,跪,酹酒,以酒沃地也。执事跪于主祭之左,进盘盏,主祭受之,又执事一人跪于祭之右,右执瓶注酒于盏,毕,二人俱起。主祭左手执盘,右执盏,尽倾于茅沙上,盏盘授执事。俯伏,兴,拜兴拜兴,平身。通赞唱,进馔,或鱼或肉,子弟分进各龛。行初献礼,引唱,诣始祖之位前,跪,祭酒执事跪奉盏，执事峰盏于主祭，倾步少许于茅沙。奠酒，执事跪接主祭之盏，置于始祖前，奠定也，安也，俯伏，兴，平身。诣功祖神位前，跪，祭酒，奠酒，俯伏，兴，平身。诣显祖神位前，跪，祭酒，奠酒，俯伏，兴，平身。诣大祖宗神位前，跪，祭酒，奠酒，俯伏，兴，平身。诣小祖宗神位前，跪，祭酒，奠酒，俯伏，兴，平身。诣东二三房神位前，跪，祭酒，奠酒，俯伏，兴，平身。诣西四五房神位前，跪，祭酒，奠酒，俯伏，兴，平身。诣读祝位，跪，大小俱跪。读祝，俯伏，兴，平身，复位。通赞唱，奉膳，或菜或粉进亦如前。行亚献礼，引赞唱，诣各龛如初行仪毕。通赞唱，奉羹，或菜或粉进亦如前。行终献礼，引赞唱，诣各龛如初行礼仪毕。侑食，主祭近前斟酒，令满子弟分注各龛，酒亦满，盖强权，神享之，之义也。复位，通赞唱。辞神，鞠躬，兴拜兴拜兴拜兴拜，平身，焚祝文，礼毕，以上至此大宗者皆唱。然后撤馔设燕，以长少序坐，位其执事，赞礼之人或是亲戚，具酒谢之，或是本族子弟则前未曾拜祖，后当各补四拜。

　　备物设席，各龛前俱备一席，外殇主两龛亦各备一席，但仪物可以少减。其物倘各用全猪羊未免繁费，或止始祖用全猪羊，余龛止用鱼肉果羹之类，随其田租多寡备用。

　　（6）生辰忌日。元旦、清明、端午、冬至、岁腊、除日，各有祖考妣、考妣各自设羹饭于正寝出主祭之。届期诣祖考妣、考妣前焚香跪告曰，今以某考妣生辰讳日，敢请神主出就正寝，恭神追慕。仪节同春秋二祭行礼，若时节则曰今以某节时节敢请神主出就正寝，恭伸时慕仪节同。

　　忌日生辰祝文式：维某年月日孙某或男某谨以清酌庶羞致祭于显祖考某君府（妣某氏孺人），尊灵前告以文曰：岁月推迁，讳日生辰复遇，追感时序，不胜永慕，若生辰与复遇。下云：生既有庆，没宁敢忘。清酒庶羞，用伸奠献敬奉。

　　显妣某孺人配食尚飨，若妣忌于奠献下云，敬奉以配显祖考某府君，尚享。按妣不称祔食而曰配合也，娶配合义。

　　（7）家庙改题神主。前一日斋宿，设立陈器，令善书者以黄表纸録制，书年月日诰词并写祝文各一通，齐备。设香案于所赠之主龛前，盥盆帨巾，以便请主。又设题主香案于正厅，备净水，刷子，胶粉盏，新笔砚墨，以便改题神主。再设神位正席于堂中赠主，每一位席总设一香案，置茅沙盆。设宣制，位于香案左南向，设读祝位，设拜位，设酒注盘盏帨巾盥具，立替引各执以便行礼。

仪节,祠内点香烛,大小各盛服,仕者青锦绣。诣祠堂,赞唱。序立,每一世,每一列。盥洗。启椟,惟启所封赠之椟。出主,复位,各复位。诣香案前,跪,焚香告辞,自告曰孝孙某或曾孙某或孝男某,或父兄为主则云今某子某或某弟,祈奉制追赠显曾祖考某某为某官,显曾祖妣某氏为某封,谨请神主改题奉祀,出就寝堂,恭伸祭告。告毕焚于烛上。〇内上某官某封书旧衔后,某官某封书新衔。

请主,执事以盘盛主,捧之主祭前,导至正寝,安于香案上,执事捧主洗去旧字,别涂新粉,稍近火熏,候干。如三代并封,先写曾祖起。

题主,命善书者改题,所官封凡改题如,外改中不改,盖主有面有陷,中谓陷,中不改也。题毕,以先洗之水洒四壁之上。

奉主,执事以盘盛主,如前主祭导至堂,置堂中正席椅子上,椅子垫高,略与桌子平安,毕郎退旁,易锦绣吉服候行礼祭告,大字皆唱。

赞唱,序立,若仕者有父兄,郎父兄主祭仕志立本位。恭神,鞠躬四拜,兴,平身。降神,盥洗,诣香案前,跪,上香,酌酒,尽倾茅沙。俯伏,兴,四拜,平身。进馔,行初献礼,诣神位前,跪,祭酒,奠酒,俯伏,兴,平身。诣读祝位,跪,大小皆跪。读祝文,祝者跪于主祭之左,读曰维某年月日干支考曾孙某官某名敢昭告于显曾祖考其府君妣某氏孺人,且书旧衔,奉承先训,窃禄于朝。如外官则改此句为叨有禄位,仰荷皇仁推恩所生。乃某月某日诰赠曾祖考为某官妣为某封,惟是音容日远告谨告如敕,如再赠字上加加字。

(8)宣制诰。制词先以盘盛,置香案上正中,至是赞者亮声朗诵南向。俯伏,兴,平身。进馔,行亚献礼,行初献礼,诣神位前,跪,祭酒,奠酒,俯伏,兴,平身。侑食,鞠躬二拜,兴,平身。点茶,执事各神位进茶,复位。辞神,鞠躬四拜,兴,平身,焚祝文,所录制书俱焚。礼毕,主祭照前仪奉神主入椟,预备香灯前行送安,原龛位主祭及弟子北向一揖而退。

奉主入祠,亲死至大,祥不计闰,凡二十五个月也。陈牲具馔于祠堂正中,启高曾祖椟出主恭神,四拜,兴,平身。降神,诣香案前,跪,上香,酌酒,俯伏,兴,平身。酌酒,跪,读祝文,自恭神至此皆赞唱。

祝文式,维某年月孝玄孙某敢昭告于显高曾祖考妣之灵,今以某先考于某年月日弃世奄及大祥礼当迁袝,谨以请酌果品之仪用伸庆高尚享。俯伏,兴,平身。

奉新主安置旁位，孝眷俱易，吉服序立奠拜，俱如时祭，用赞唱仪。

祝文，维某年某月孝男某敢昭告于先考某府君之灵曰，日月不居，奄忽大祥，祔事已成，天叙攸定，先灵既妥，后嗣用安，罄竭哀忱，荐兹粢醴，祔食于祠，永缵时祀。尚飨。

右所集之礼，汰烦就简便于举行，后之子孙毋视为具文焉。

（四）林氏家礼①

林氏家礼

当观韩柳欧苏诸大家皆有家礼，以为世守。吾林虽微，代有学士文人，礼安可废乎！考之文公家礼，极为详备，俗不能行，反踵事增华举动甚觉无谓，但相沿已久，不能尽革。今考之古，准之今，其不可忽者，约有数端礼仪，谬为记述，以为吾林家规，庶可永远传之，勿替乎。

（1）婚礼。醮子奠雁久已不行，纳币合卺，听从俗便。惟见舅姑，庙见最为重大，不可轻忽。然古舅姑并见，俗舅先见，次日见姑，从之。

娶妇之明日，凡叔伯兄弟亲戚，各以宾主序列两旁位。坐正中，陈设几席果品，瓶爵椅褥。子弟知礼者，一人执事，妇先见父翁，次及叔伯，由亲及疏，又次及亲戚。

见翁赞唱，序立男左妇右，请父翁升席，翁坐于正，席南向。鞠躬，拜兴拜兴拜兴拜兴。诣父翁前，姆引妇同至翁位前，拜兴拜兴。跪，奉酒，古有献贽之礼，而奉酒之文，今有奉酒之敬，而无献币之仪。古以礼妇进以酒奉翁，然亦不失其敬，姑从之。进果，执事以果盒授男妇，男妇奉翁。再奉酒，执事者再以爵注酒，授男妇，男妇再以奉翁。再进果，兴，复位，拜兴拜兴拜兴拜兴，礼毕，自序立起至此凡大字者皆赞唱。然后以次由亲及疏叔伯相见，以及亲戚。其正中坐席，惟祖父母及父母胞叔伯受之，其余叔伯亲戚或不敢受，止立于东边，上一步受或四拜或两拜，随宜。次日见姑亦如之。

三日父翁以新妇见于祠堂陈设香案烛酒果，赞唱。翁就位，参神，

---

① 《林氏家法》，载《济南郡磻溪林氏宗谱》（复印本），1815年重修。

鞠躬拜兴拜兴拜兴拜兴，平身。诣香案前，焚香，跪，献酒，再献酒，三献酒，读祝文。

祝文式，维某年岁次干支某月朔越岁日干支裔孙　某谨以香烛酒醴敢昭告于

　　显高祖考林公　某　府君
　　显高祖妣某氏　　　孺人
　　显曾祖考林公　某　府君
　　显曾祖妣某氏　　　孺人
　　显祖考林公　　某　府君
　　显祖妣某氏　　　孺人　尊灵前告以文曰：礼仪三百婚仪慎重。某之子某凭媒礼聘某氏为室，以某日婚毕。率令儿妇敢见先宗，伏惟俯垂庇佑。俾之静好宜室宜家。谨告。俯伏，兴，平身，复位，儿妇就位，位设于父翁后一步，拜兴拜兴拜兴拜兴，平身。辞神，翁就前位，儿妇后位同拜。拜兴拜兴拜兴拜兴，焚祝文，礼毕，大字皆唱。

附婿见女家父母，婿往妇家，明日陈设酒案南向，婿北向，赞唱。请岳父母升席，鞠躬拜兴拜兴拜兴拜兴，诣岳父母前，跪，奉酒，执事如常。进果，再奉酒，兴复位，拜兴拜兴拜兴拜兴，此四拜妇父，下跪而扶之，或受两拜随宜。礼毕，大字皆唱。至于叔伯或受正席之礼，或不敢受止。受两拜，随宜。

（2）丧礼。父母初终迁居正寝，凡父母有疾，子妇当躬亲汤药，不可离侧，更须修省，斋戒焚香祷祝访医，调理务期尽致。度其必不能起，便问父母有何言或吩咐，或家事，或训诫子孙，其言必入情中理，尽书之于纸，以为格言。○迁居正寝者欲其得正毙之义也。举哀，被发，徒跣，不食，房族知事者向前分派执事，司赞，赞、唱、行礼。司货，备办一切应用货物。司书，记写奠赙仪物。主宾，专主与宾客为礼。司祝，司奠献执事。治棺，令坚厚久远。今俗做佛事有司香灯者，专主佛筵事物。讣告亲戚僚友。

讣书式，司书主之。

不孝某等罪逆深重，不自残灭，祸延吾家严（慈）显考某府君，（妣某宜人）。于某月某日得病医治不起，于某日某时终于正寝，有官称卒，庶人称终，母曰终于内寝，享年几十岁今择某日夜大殡，忝在至戚，敢以讣闻。

孤哀子某泣血稽颡拜

从俗殡夜佛事,取吉时纳尸于棺中,棺内七星板,其制棺相称鎏为七孔。殓时用石灰炭屑末厚铺棺底,灰上加纸,纸上加板,板上加褥,而后入棺,上加以被。

尽哀,擗踊无数。加盖下钉,升棺正中,设灵座,灵床,附真容,务要极似一毫,不似便是他人。立铭旌,以绛布为之三品以上用九尺长,五品以上八尺,六品以下七尺,庶人六尺。以粉大书某封某公府君,或某封某母某氏夫人宜人尊灵极。庶人则书大硕德考某公某处士,母书大懿德妣某母某氏孺人。置于灵座之右葬时覆于棺上。

成服,大殓之明日师,四之第四日也。五服之人各服其服,致祭,陈设香案,酒果食馔。执事赞唱班列,五服以服为序,男女各分左右出入,赞唱。某封眸某府君升灵,孝子孝妇绕棺三匝举哀而出,就位,哀止。鞠躬,拜兴拜兴拜兴拜兴,平身,诣灵座前。上香,跪,酹酒,音类以酒沃地也,执事注酒授于孝子,孝子受尽倾于茅沙,以降神也。○茅沙郎。古白茅缩酒之义,用磁器,少铺以沙,用稻草一把,长八寸束缚,如刷扫形,卓立于磁器沙上,盖付执事。俯伏,读祭文,举哀,哀止,行初献礼。祭酒,执事取爵注酒授孝子,孝子倾少许于茅台沙上。奠酒,奠定也,犹安也,谓安爵于神前也,执事者接而安之。进果,果品进上。俯伏,兴,平身。行亚献礼,跪,祭酒,再奠酒,进馔,或鱼或肉。俯伏,兴,平身,行终献礼,跪,祭酒,三奠酒,复位。进膳,或粉,或面。俯伏,兴,侑食,注酒令满并正筋饭上盖强,劝灵使享之,之义也。复位,鞠躬,拜兴拜兴拜兴拜兴,焚祭文,礼毕。

亲朋祭奠,赞唱。就位。鞠躬,拜兴拜兴,平身。诣灵前,上香,跪,酹酒,读祝文,举哀,止哀,俯伏,祭酒,奠酒,进果。再祭酒,奠酒,进馔。三祭酒,奠酒,进膳,俯伏,兴,复位,拜兴拜兴,焚祭文,礼毕。孝子朝夕进膳,节日生辰忌辰献奠。

(3)生子。蒲月见庙,设酒果羹饭,启椟焚香四拜。酌酒,跪,献酒,告辞曰某之妇某氏以某年月日时生第几子名某,敢见祖宗伏乞庇佑俾克成人,主妇抱孙同见俯伏四拜礼毕。

(4)授官。设馔礼果品,赞唱。就位,鞠躬,拜兴拜兴拜兴拜兴,平身,酌酒,跪,祭酒,奠酒,读祝。文云某以某年月蒙恩授某官乘先训,获沾禄位,余庆所及不胜感慕,以果酒用伸奠告谨告,入泮则云某以某年月蒙某院取入某县,儒学奉承先训得游庠序。乡举云某以某年月本省乡试中式第几名奉承先训得登贤书。进士则云以某年月会试中式第几名殿试中式第几名几甲,恩赐进士及第或出身奉承先训遂成名余同。

俯伏,兴,平身,拜兴拜兴拜兴拜兴,平身,焚祝文,礼毕,大字皆唱。

(5)受封。亲能义方教子。子能扬名显亲。朝廷养□恩深祖宗积善,世久幸遇,兹典何以祈承遥沾门阙,廷告知家庙。

仪节,前一日本家设诰案于正厅中,设香案于诰案之南,其日彩亭。鼓乐如无,彩亭用盘袱,一人捧前行。受诰官前行,诰将至。受封者出大门外迎接,命妇亦服官服迎门内。候诰舆即彩厅,入门,随至前厅,各就拜位,执事者于诰舆内。捧诰置于案,赞唱,鞠躬五拜三叩头,命妇不必叩头。捧诰入家庙受封并受诰官具香烛等物。诣家庙,赞唱,就位。鞠躬四拜兴,平身,酌酒,跪,祭酒,奠酒。读祝,维某年月孝玄孙某敢昭告于高曾祖考之灵曰某之子某以某年月日,仰荷皇仁,推恩所生。诰封某为某官某氏为某封,奉承先训获受恩荣,余庆所及不胜感慕,敬以酒果,用伸奠献谨告。俯伏,兴,平身。鞠躬四拜,兴,平身,礼毕。子于父母前行四拜礼毕。

(6)追赠。朝廷推恩封赠。盖以孝治天下,亦恤臣子之私也。恭承恩命千里,远乡庆溢,宗枋光荣,父母所行之礼不宜简陋。

(7)附祭墓仪节。祭后土,但后土极尊,庶人不得祭,止祭本山土地。赞唱,就位,降神,诣香案前,跪,上香,祭酒。酌酒,俯伏,兴,平身,复位。恭神,鞠躬两拜,兴,平身。初献礼,跪祭酒,读祝,维某年月日信士某敢昭告于某山地之神曰维我祖先卜筮,兹区魂栖魄安实赖神灵呵,禁不详岁修祀事庆衍曾孙谨以酒果之仪用伸奠献尚享。

亚献酒,祭酒,三献酒,祭酒,辞神,鞠躬,四拜兴,平身,焚祝,礼毕。遂祭祖,就位,鞠躬,四拜兴,平身。诣墓前,跪,上香,酌酒,跪,祭酒,读祝,维某年月日孝孙谨以清酌庶羞,致祭于本坟先祖考某府君,妣某氏孺人尊茔前,告以文曰,豺獭知祭,狐兔首丘。报本追远,人道大经。维我祖考,发祥积庆,垂裕后人,气脉流传。嗣续相承。今当春暮,薄庆告奠。伏惟尚享。亚献酒,三献酒,俯伏,兴,平身,复位,鞠躬四拜兴,平身,焚祝,礼毕。

三、族谱与乡土文艺

林汝浃咏诗①

(1) 又题双阙诗

唐室遥遥孝义门,屹然双阙立堂前,
当时泣尽思亲血,化作恩波遗子孙。

(2) 又诗

揽得来衣紫翠间,碧云深锁玉千竿,
次君又是在清节,迎娶冰崖六月寒。

(3) 大德甲辰月十五圆日云降山主倡

德崇业广向人间,手种苍琅玉万竿,
可是凤来栖得稳,风头六月雪常寒。

(4) 建安静娴居士草窗刘同谱梅旁

清标绝俗出林间,彩翮低徊托翠竿,
真作云霄千仞想,一枝丹碧尽高寒。

(5) 同谱梅旁

羽衣彩彩五云间,着意来依碧玉竿,
喜与此君同岁晚,不嫌风雪一枝寒。

(6) 屏山后人刘

背混群鸡篱落间,幽栖却爱两三竿,
他时飞动鸣阳去,未必此君忘便寒。

(7) 漳州路长秦判薄黄

场产来从丹穴间,独堪托此拂云竿,
高林振羽何当去,风叶筱筱竦翠寒。

(8) 鹤峰同谱雪轲

雏成丹穴应巢间,稳傍柯亭玉一竿,
不是上林无托处,只因高处不胜寒。

---

① 以下诗载《济南郡磻溪林氏宗谱》(复印本),1815 年重修。

(9) 因修谱有感水源木本作诗两首

万壑千涯次第开，条分脉络续将来，
问渠那得长如许，为有源流可溯洄。

(10)

一株乔木植磻原，无数层层枝叶繁，
要识生生神不二，只缘黄土有什根。

秀出深亭氏题

(11)

一双蒲剑两旁开，几向红炉炼出来，
寄语嫦娥须展手，蓝袍急剪为君裁。

(12)

因缘一合一番开，用尽机关磨就来。
全赖中间腰用力，罗衣长短任君裁。

(13) 公咏竹梅旁鹿鹤诗

鹿鹤昂昂梅竹前，松青竹翠鹤千年，
莫教一日风雷发，松竹成林鹤上天。

公及第时奉

(14) 宁宗皇帝旨咏新月一律

高压群星出海涯，清光不许乱云遮，
上悬碧落三千界，下烛红尘百万家。
陶径柳疏金影现，谢庭卷帘玉钩斜，
嫦娥特地通消息，报道君家有桂花。

(15) 又咏新铸钟成

一声出烟林，万户开清晓，
于今重铸成，天地与长久。

万户：唐岑参早朝，诗云今阙晓钟开。

赤溪《杜氏宗谱》中的地方社会文化

刘明月

一、族谱与地方历史构造

《杜氏宗谱》中保存有一份万历年间的谱序,这是现存最早的,相对来说是一份将杜氏姓名由来和聚落移居历史脉络写得十分明了的家族资料。在这一版本谱序中,作者提到"稽自有晋从龙渡江以来,传之先人盖三四迁而抵宁九都杜家洋再迁仁会里",即杜家先祖是西晋晋元帝渡江之际,随着第一次北方人口大规模南迁时自北方南渡,几次迁移之后进入福建,先住杜家洋,随后迁到乌杯。

明万历十九年修谱序[①]

粤昔日帝王有作别生分类,莫不有姓布在方策,昭昭可考,羲皇以来其姓不过数百家,观今天下之人,总总焉,林林焉,至于累巨万而无所计算者,溯其源本,均之为百姓中之支派子侄也,第以世远人亡,帝王迭兴,分崩离析,无所统纪,支派莫识,故同姓互为胡越而不知,骨肉自相残衅而罔觉也。设若有谱以志之,其可合为一家者矣,奚至是耶。本宗刘姓,自汉高祖始封姓杜,故为杜氏,若溯其源,则刘杜之赫赫洋洋者,皆祖列也。惜厄于宋元兵燹之际,谱牒无存,失其统绪,不敢援引豪宗

---

① 前岐承志堂藏版民国《杜氏宗谱》,明万历十九年修谱序。

巨族世胄名家，以混祖孙之源流，而夸耀当时也。稽自有晋从龙渡江以来，传之先人，盖三四迁而抵宁九都杜家洋，再迁仁会里，拓基肇迹，逮今亦不知其几十世、几千年。追考祖墓碑铭，经于宋时而重修，或为显宦柱石朝堂，或持武节而雄镇藩方，或为朝议大夫，或御葬，或姻眷，为王家驸马者，其墓星布于都之溪南山溢溪溪口、严长岭头、溢溪横路下、后斜洋尾峰、赵家洋、茶洋、黄家洋、斗米企、乌杯、流兜等处，均以荒芜污秽，狐栖鬼宿，良可慨哉！是故伯祖东峰公念厥祖之无稽，痛墓道之陷坠，虑及厥族颇盛时有乔迁州城者，有迁居六都枣岭者，有复迁杜家洋、九里园者，若无谱牒以纪录之，历世久远，支派繁乱，未免后之伤今，犹今之伤昔也，故澄神静虑，殚力劳精，林下孤栖，考究祖墓碑铭，并沿祠堂旧主之所载，按近代之世次行号，辨别宗派昭穆，而造制谱书，晓示孙行，上则有以溯祖宗之根源，崇报本以尽孝；下则有以别子孙之枝派，拓基业以尽慈，则吾族之家声因以起矣，呜呼！东峰制谱之功，岂在祖宗，在子孙者茂矣哉。然惜其未经仔细甄别宗派指描图列，故子孙贤者展观序例，以别亲疏，愚者按谱名次，懵然不知其宗派也。且继今几千百年，蠹简残缺，子孙绳绳未尝登载者尤多多也，若不增辑则传之愈久，而愈失其真。宗派无别，昭穆混乱，上不念祖宗而思孝，下不恤子孙而思慈，孟子曰：人之所以异于禽兽者，几希矣，几希者仁义也，仁义者孝慈之道也，不孝不慈则无仁义矣，其于禽兽也，奚异矣。方今族中吾道无人，富者事于醉饱，贫者啬于饥寒。东峰公之焦心劳思，伊何人也？可为痛哭长太息者也，吾为此惧。适怀溪林子垫吹荐玉融博物韦齐先生暨令郎辉南君秉笔抵舍请为余谱，余不胜忻悦，不咨不谋，逞身编告宗族，犹未擅便卜告聚议，少长咸集，贤否不一。有犹豫而不前者，有口诺而心非者，有作于色发于声，以为妄诞者、好事者，噫！不知吾心之忧且悲也，辉南子镇坐隅，作而言曰：无异也。不可与虑始而可与乐成者，从古为然。是在潭翁魄予以末学小子，管不可以规天，蠡焉能以测海耶！余曰然，然昔者陈平、范雎不失魏无知、王稽之荐，吾知先生必不负其所荐，如陈平、范雎者。辉南子曰：诺，敬承教。遂与余榻挥毫涤，砚披群书，列子史上下议论，依东峰公之旧谱，检阅其世次，条列其纲纪，以崇封三府君三侯王为始祖，空其一世至十世为阙录，以十世祖纪世，自十一世祖至十五世祖，五服为斩泽，以十六祖谷隐公为太高祖，以十九世栀孙公、思孙公为二大宗，以二十五世列为小宗，各制图眼、枝派、昭穆，复其世次、生齿于后，各于名下填其生卒、墓葬、隐显、出处、嫁娶、名氏，则后之子孙由世次以考图列而求之，揭其纲而理其目，则统宗不混，上有以慕祖宗而思孝，沿其流以溯其源，则支派有序；下有以临子孙而思慈孝，慈兴则仁义行矣，仁义行则吾之家道昌矣，家道昌则老吾老以及人之老，幼吾幼以及人之幼，清庙之珪璋，明时之凤凰，王氏之槐荫，司马氏之昼锦，韦氏之建会联恩，义庄赡族，端有望于子孙者矣。余钝顽无知，子孙学无所得，才无所见，辜负尘世，辱祖玷宗，含羞泣血，谨述其事而占记于篇左，以附伯祖东峰公遗文之末，以俟后有作者云尔。复为之歌曰：

　　　　猗彼羲皇，迭兴帝王，别生分类，百姓四方。
　　　　枝枝叶叶，天下营营，分崩离析，弗认其名。
　　　　相戕相贼，骨肉胥行，伊为其始，一祖之灵。
　　　　念我阙宗，刘氏所分，肇封于汉，杜氏祖公。
　　　　或王或侯，我晋彷徨，彷徨我晋，从龙渡江。
　　　　支支离离，四迁杜洋，兵寇绥绥，再迁乌杯。
　　　　仁会之里，柘坭之隩，基址京京，祖坟星星。
　　　　墓铭荧荧，莫之纪经，侯王之后，十世零零。
　　　　十一世祖，肇迹有方，伯祖东峰，忧心忡忡。
　　　　无征不信，不信不从，考橐墓铭，以及祠堂。
　　　　制造谱书，晓示孙行，繄维厥功，山高水长。
　　　　百年之间，废缺蠹残，绳晟孙子，重名叠千。
　　　　奕叶之后，将复相残，我心实忧，悄悄惶惶。
　　　　旧辑斯谱，实制实装，哀哀我祖，三君侯王。
　　　　十世之内，渺渺茫茫，十一世祖，基本侯王。
　　　　世世相承，奕叶重光，太祖太宗，大宗小宗。
　　　　列祖列宗，逮我孙行，挈领提纲，枝叶辉煌。
　　　　燕毛齿序，序次相当，认名记行，炯炯星光。
　　　　以贻子孙，子孙永昌，永昌彭彭，媲美城南。
　　　　吁嗟子孙，我心忧惶，忧惶我心，长歌孔扬。
　　　　用相肆祀，祖庙之旁。

二十四世孙克文谨志

修金溪杜氏族谱叙①

余自少壮往来郡省,道于杜家者数矣,憩足之余,俯瞰金溪一带,土厚水深,树林蓊蔼,纯固敦厖之气,洋溢于山岭水湄间。心善者久之,客路匆匆,以不获访胜蒐奇为惜。癸未秋,杜族总理怀西君与其叔开喜、开枢、开春、开昇,兄延芽、邦枝、邦铭、邦相、邦陈、邦长、邦言、邦禄,侄明兴诸董事等倡议修谱,不远百余里外来请邀余。余稔闻未有长溪先有杜家,知吾郡名宗杜为最古,一旦登其堂,溯其世系源流,亦考古之一快也,因从其请,抵其地,由杜洋而下金溪,有乌杯、九里、漆溪三村,子姓蕃昌,如华岳三峰,争奇竞秀。溯厥由来,则厥祖于有晋渡江之后,四迁入闽,先住杜洋,由杜洋而乌杯,由乌杯而九里,漆溪又由九里而分者也,谱作于东峰公,述于九潭诸公,中间伏前人之行谊,贻后嗣以训型,勤勤恳恳,令读者穆然起尊敬心,油然生孝悌心,想见当年精神,心血必萃于斯。呜呼!此杜族之所以兴与所以久也!自古豪宗右族当其盛时,非不优龙凤,劣虎豹,麟麟炳炳为邦族光。然忧深思远,无人、不旋踵间而王谢堂前风流顿尽,况吾郡自明中叶以还,遭倭蹂躏,乡之土著者百无一家,向非东峰公诸人敬宗收族,辑有成书,虽一时桂簇兰芬,亦雁兔涣耳,乌能绵绵延延,历千百年而保世滋大耶?横渠张子曰:贤才出,国将兴,子孙贤,族将大。杜氏既代有贤德,以贻后人也,贤子孙作,复能继往古开来今,其炽昌讵尚有艾乎?他日文孙济济,登金马,上玉堂,匪特为祖宗大其族,抑且为圣主兴其国焉!余方拭目望之矣。

时皇清光绪十一年岁舍乙酉
邑廪膳生乐莘第王聘三拜撰

民国三十三年谱序②

窃以纂修谱牒多遵眉山苏式大小宗之法,以其详明世系辨序昭穆,俾人易知敬宗睦族,可以兴起其尊亲友爱之观念,称为纂集民族信史之善法也。而世之作谱者,又每因世系不明、昭穆不辨攀附明宗显宦以为

---

① 前岐承志堂藏版民国《杜氏宗谱》,光绪十一年修金溪杜氏族谱叙。
② 前岐承志堂藏版民国《杜氏宗谱》,民国三十三年修谱序。

族谱光,是徒乱其宗而失本来面目,亦奚足贵也。左季高先生曰:作谱须明体例,求精实,诚为笃论。乌杯杜氏,吾鼎望族也。其先灵端三侯王历三四迁而抵杜家,嗣后宣教公由杜家肇迁乌杯,是为乌杯发族之始祖,以生以聚,至于今三十余世矣,人口昌盛,名贤辈出。余尝览其光绪乙酉岁所修族牒,世系、图表、传赞、诗歌,辉煌简洁,无繁征博之弊,深得眉山苏氏作谱之遗旨,心常景仰。今岁龙集甲申,距旧谱之作适六十年矣,其间人材之出,无愧于其先;族史之征,足传于其后。徒以世变方殷,遗佚堪虞、用是族长步铭、国栋、百棠、永嵩、用清、国缝、步猷、步英、步朝、承垫等,乃鸠公重修,谬以余任修辑之责。余自维无文,深愧不能铺张扬厉,为杜氏光,乃缘成法,采访生甲及其遗文轶事,汇集成编,付诸手民。自春徂秋,阙功告竣,使一族之中咸知尊所尊,而亲所亲,则兹谱之修其有裨人心世道。岂浅鲜哉,是为叙。

民国三十三年岁次甲申桂月

前岐李明珍拜撰

根据这份民国时期修撰的族谱,杜氏家族在民国时期仍是福鼎望族,在灵端三侯王时期经过三四迁抵达杜家,然后宣教公从杜家迁移到乌杯,并在乌杯繁衍至今。但是这份谱序寥寥记载数笔,并未将详细迁移过程描述清楚。

民国重修族谱序①

窃吾族谱牒自廿一世祖子新公创撰后,代有名贤,继续修辑,垂训子孙,可法可传,至近代所以历六十年之久而未修者,良由时事多变故也。溯自有清覆亡,连岁干戈,萑苻遍地,迄无宁日,吾族僻处山陬,势难安处。民国十一年,宁德乌钱会匪忽到仙蒲,地方骚然,自是以后如霞浦西乡之陈阿颜、丁邦贵,南乡厉木恭,福鼎王阿贵等先后起伏,族人已不堪其扰……而七七国难又起,长期抗战忽忽六年,丁壮应征,少康负债,十室九空,自顾不暇,奚能谈及修谱?现抗战已有进步,胜利即在眼前,地方稍形宁谧,族人以族谱历久未修,如不乘时修撰,再为延搁,

---

① 前岐承志堂藏版民国《杜氏宗谱》,民国重修族谱序。

恐无可考。乃勉强将事公 推步铭为总理，国栋、百棠、步猷、用嵩、用清、国缝副之，筹备公租，延聘福鼎前岐李明珍先生修纂，诚善举也。楚因避匪离乡，寄砚松城不能身任其事，殊深歉憾，爰将近代历久未修之原因略为序述，以示子孙。至于谱牒之缘起，条例已尽善美，仍成法而修辑之，既光于前，可垂于后，固无庸多述焉。

　　三十六世孙楚楠谨志

　　上述杜氏族谱中的文献，对于家族移居与地方历史提供了一些珍贵的记载，尤其是光绪年间族谱提到"本郡遭倭蹂躏，乡之土著者百无一家"，当时乌杯的地理位置并不靠海但是仍受倭寇侵扰，可见明朝倭寇对于福建地区的危害并不限于沿海，当地百姓因此流离失所。这些都是十分生动的地方历史资料。

二、族谱与宗族建设

　　清朝时期在康熙、乾隆、道光、光绪年间多次修谱，道光年间的修谱是第六次，这和光绪时期的记载有出入。相对于前几次而言，道光年间的族谱修撰是一次整合，因为在此之前的重修都是对族谱的增加，道光年间的重修对不同房支已经有所侧重，证明杜氏家族发展到这一时期，已经有了房支间较为明显的势力消长。光绪时期重修族谱的下述谱序是族中组织编撰族谱的人合写的，谱序中详细写了历次修撰族谱的先祖辈份及名号，从中可知杜家在迁至杜洋之前应该有族谱，但是宋元兵燹被毁，后来只流传灵瑞三侯王为始祖，到二十一世祖东峰公时期，他考证祖墓，创制谱牒，从各个谱序来看，东峰公是杜家族谱修撰十分关键的人物，同时也是学历很高的族人之一。东峰公之后，二十三世祖九潭公对族谱又进行了校正，到康熙时期，二十六世祖乔父公重修族谱，二十八世祖可情公三修，三十世祖泰轩公四修，到道光二十一年，三十一到三十三世，三位世祖倡议合修。后面这份谱序是当时族中主事修谱的族人写的，在族谱中他记述了此次修谱的艰辛，而且谈到杜家祠堂在乌杯，光绪十一年这一次的修谱，还改建了宗祠，重造祖厅。相对前几次修谱而言，光绪十一年这次相对来说是对整个宗族的重振。

更乌杯为仁会里①

南塘叟问于东峰子曰:予观子之祖居极其完固,可以拟城南杜固之场乎。东峰子曰:当时长安谚曰:城南韦杜,去天尺五。韦固杜鄠,未全以山水之固土木之丽,其近长安侍君之荣,其佑文章辅君之阙,韦杜之名日盛,韦杜之居日固。城南独美,奚可烁火并日月光乎?遡其乌杯,东曰巽木,西曰兑金,南曰离荧,北曰坎隅,四星罗曜分明,双涧环绕清辉,山之明而不枯,水之秀而不滞,溪垠岩崿,以障川之直流;岫顶树繁,以补岗之巉嵌,此其地具之利也。田有汹泉,其旱以备;岭有松萝,其爨以周。泱泱浚潭如鳊如鲤,赪尾紫鳞,其餐可供,此其资生之利也。地利既有赖,资生又有本,其固可近于城南,其人不及于杜固远矣。是何古今之不同也?殊不知习俗以塞其闻见,货利以渎其志趣。作于前者非殊俗之美行,述于后者无特出之奇才。是以无过人之才智,无冗宗之宏模,之子之孙碌碌如常,生于斯,斯其养且驯也,长于斯,斯其习且就也,前后无闻人,故世无翘楚。吾为是为子孙筹,不曰乌杯而曰仁会。仁会、乌杯声相近而误通者也,夫仁会为仁者之所会,以变不美之俗为仁者之风。孔子曰:里仁为美。择不处仁,焉得知?今则里仁为会,会不于仁,岂其贤。俾其衣冠济济,非仁无为而不裹此衣冠于里也。交友以信,非仁人不与游,而侧媚小人弗杂于里也。言语恂恂,非仁不谈,而不杂谲诞于里也。朝作暮辍,诵诗读书,使心性开明于仁,群君琢磨于里也。知爱其亲,相习于孝,其孝子增秀于仁里也。知敬其长;相习于弟,其恺悌并毓于仁里也。知尊其君,相习于忠,其忠臣兴起于仁里也。能此七者于里,无不仁,而非仁无会于其里。其去里仁为美,特尺五天矣,岂曰城南韦杜乎?

南塘叟闻而喜之,遂更乌杯为仁会里,革乌杯之无所取义,而归仁会之有,修教于后世者也,故因而铭之曰:

  天生先哲朂厥衷,仁义含宏孝且忠。
  衣冠饬迪礼谦崇,黼黻乡间播薰风。
  惟吾先祖才高雄,开址拓疆来浉东。

---

① 前岐承志堂藏版民国《杜氏宗谱》,更乌杯为任会里。

种德玉田超鸿蒙,大宋年基植大功。
历元气化渐晦蒙,高会大父觐飞龙。
大明当照四海通,脉脉源源秀郁隆。
蹈袭乌杯教丰肜,曰仁会聚元气钟。
继登经义习芹宫,父子兄弟亦和同。
考父抚励尤冲冲,发仞祠堂纪始终。
陈陈云仍仰遐踪,捧抱寸心无替恭。
嗣守仁会美无穷。

东峰子撰

这份东峰公撰写的更名文章,将乌杯改名为仁会里的缘由一一道明,同时也表达了对后世子孙的美好期望。

康熙四十九年重修族谱引[①]

族谱之书不曰制而曰修,述其源也。谱既修矣,不曰新而曰重,仍其旧也。或曰旧有族牒源流,现在京兆之光昭然矣,岂今日修谱而始垂名哉。犹是世风不古也,急功利而忘远图,变淳风而趋流俗,老成辈言及祖德宗功,而群以为迂。且远矣久矣。祖父之行实,以及年庚、婚、娶、卒葬、置为往事而罔闻,当前之少长男女,姓氏视为泛常而无所记忆,是以亲属无辨、尊卑不分,爱敬之念、孝弟之思无自起矣,而欲起吾族而跻于仁里也,不亦难乎?是以廿六世乔父公等虑及于此,早作夜思,欲挽颓风,势必自敦本始。遂合议择吉,庚寅年孟秋二十日,集众一堂,公则大声而呼曰:余历寇燹艰辛,力藏旧谱,系我廿三世伯祖九潭公修也,公时曲体东峰公作谱之心,以励吾族人。曾有序言曰:方今族中吾道无人,富者安于醉饱,贫者嚣于饥寒,言及修谱以为妄诞者、好事者,我维世风大抵然矣,又何异于今日乎?但筑室道傍无日可成,吾侪志期远大,见小欲速之,言何足悼也?直与二三同志如大宿、大渊、大术、大堪、大演、大珠,诸弟兄如士珮、士望、士冕、士迓、士頍、士仰、士彬、士参,诸侄如世广、世燡、世禄、世炽、世似,诸侄孙及元孙肇执等,共

[①] 前岐承志堂藏版民国《杜氏宗谱》,康熙四十九年重修族谱引。

兴敦本之思，议将祖山公判银两措办纸张工食，佥命士昇代书序列、图眼等条，昇以井蛙管见，惴惴不敢任，既而仰体尊长严命，犹不敢辞，踌躇久之，即以乔父公所藏、九潭公续谱所载悉录之，不敢忘而别无庸赘。自始祖三侯王至十一世，向无可考矣，今惟十一世至十四世颇识行次墓葬，以十五世宋故一百五十府君宣教谷隐公为本宗之世祖，仿旧谱之故式，参巨族之家规，制为图眼，每代横联各房兄弟共横列一联，每板五图，长子直牵各名下书之，介子旁行列之，俾各房虽分而世系不混，行次归一，以便查明。至若显者则书之以朱，晦者则书之以黑，本宗则牵之以红。吾族旧谱原无外姓绍嗣，今则从权间，或不得已而有外承者，则牵之以黑，至其绍子之子则仍如本宗，俾后人知所自来，而无嬴吕之暗秽，马牛之混乱，则养子亦无玷于亲生矣。若通族排行另照年庚长少列于图左，而婚娶行状墓志附焉，复有兴废振颓之举，议登诸谱。如前代因乱失祀，所有祖墓葬于上仕洋鱼池，伯思公葬黄家洋，一百一府君葬蒋洋街头，竹所公葬芦屯路上，西村公葬上港园祠堂后，中山公葬溢溪下洋横路下，谷隐公右附葬，耕云公葬杜家洋西北山，宣毅公葬溢溪口茶山墩，文辉公葬乌杯岭头溪南岩石下龙臂山，林叟公葬溢溪洋头坟亭后，栖云公原悉登于谱，须重申祭扫例年，随本族内排年值祭无辍，亦见巨族盛举，盖不忘本源之意也，如近代祖坟地名、年月、何祖、何等向，悉详查而登载之，以防侵混之端。至若娶妇、生孙、寿旦、入泮、登科诸喜庆事，必出喜仪一钱积为有关祖宗之名器者用。每年交三村福首轮值收计，数目谨贮，年终众面随交次者收领，以备不时之需。盖积少成多，考之豪门，积之百千计者，公私有举或有赖焉，关系非细，未可以为少而忽之也。其旧管祖业山庄依照旧管而书之，倘有能新创置者，亦随时而登之，于谱以为吾族光，殆亦祖宗制谱之心所默冀者欤然。

吾侪之所宜善继善述者，尤不止此也，而凡昔贤之言行，世风之美陋，皆当视之以为法戒焉。斯固谱书不能备取而尽录之，惟即其亲切著明。如苏公族谱亭，记为家乘劝惩之尤，录之以弁于旧序遗文之首，苟有能朝夕览观而善体之，随时提省而亟行之，将上焉远绍祖宗之箕裘，下焉永裕子孙之型训。庶几吾族渐为仁厚之里矣，何不可。以仁里之谱，复振京兆之光，俾仁会之名长垂不朽耶，夫岂世风之所能囿哉，爰名其谱曰：京兆垂光云。

廿七世孙士仰、士昇士俨同志

乾隆十二年重修杜氏宗谱弁言①

今福宁府福鼎县十二三都（原福宁州九都也），唐时为长溪县，谚云：未有长溪，先有杜家。金溪杜氏由来尚矣，余于雍正十一年癸丑得馆，于斯见山辉泽媚，鸟韵花香，知为地灵人杰之所也。自是寒暑往来，周旋无间，其冬余方为瑶峰高氏修谱未竣，甲寅之春携在馆中，隙时录誊，杜子可信讳世情者，见之即谓余曰：情本族亦有谱牒六卷，其中源渊世次未有若此详明者，余当告之族人，敢请先生为修辑之缘，有余不足彼此参差。议而中阻，倏忽间不觉十余年，而可信杜子已赴玉楼之召矣。乾隆十二年丁卯王春，可直讳世萌复谓余曰：吾家族谱始造于廿一世祖东峰公，一修于廿三世祖九潭公，再修于廿六世祖乔父公，阅今三十多年，吾弟可信常言重修，迁延至今。然昔犹可延，今者州已改府，府又添县，天地山川皆振作一新，不仍昔日旧形矣，若不重修，无论册牒蠹蚀，人往世更后将莫考，纵使可考而地异，事殊龃龉陈迹，其何以示子孙乎？夫曩之数议不果者，以族人赢缩不等故耳，兹幸有祖山判价，公顷稍可以供纸笔之资，先生辱在通家不弃，为我操觚何如？余应之曰：瑞微人也，恐不足为贵族光安宠。直公正色而言曰：先生何太谦哉！福宁一府六学，谁不知有先生者？他日入词林，登史馆，行将修舆志，定秘书，讵区区寒家小谱云乎哉！且谱所以传后，岂以耀今，所以垂子孙，岂以夸闾里，得一相知秉笔足矣。况久为吾弟可信意也，先生其毋辞焉。余于是承命至其家，同公从弟可济世愫公、侄彦长肇祚公、彦鸣肇桄公、彦芳肇琮公、彦宸肇枫公、彦闻肇宣公、彦丛肇棫公，孙本金玉根公诸位，将所传旧谱参互考订，讹者正之，缺者补之，无稽者阙之，未载者登之，重造三本，续凑三本，源流昭穆焕然一新，庶几天地山川不朽，杜氏祖德宗功亦不朽，而余微人之姓名，亦当借是以并不朽矣。因喜为任其事而叙其由于首。且为之咏以诗曰：

漫放闲情入酒卮，瑶编阅罢喜题诗。

从来人物机云少，自古文章李杜奇。

---

① 前岐承志堂藏版民国《杜氏宗谱》，乾隆十二年重修杜氏宗谱弁言。

天地生形分玉石，风雷化境别龙蛇。

不才愿秉春秋笔，留待他年国史知。

大清乾隆十二年丁卯夏季

年通家会晚生鳖轩陈其瑞拜撰

重修族谱序①

国有史，家有谱，二者大小虽有间，固并行不悖，所当以彝鼎奉之，不得以弁髦视之者也。史以纪世，饬纲纪上下之分，而治乱之分存焉；谱以纪姓，列昭穆长幼之序，而爱敬之道寓焉。粤古庖犠正姓氏，统其祖考之所从出，别其子孙之所自分，而民始不渎姓氏之不容紊也，由来尚矣。但源远则流衍派别，根深则枝繁叶茂，兼之代革人湮居异地，睽使无谱以记之，固无以考其源流本枝而井然不紊，即有谱而视若泛常，任其蠹蚀。年名历久不登，世系转而蒙晦者，咎则安归，是又在乎孝子慈孙。绳武有怀，作求有志，踵事而增华，觐缕而述者之缉熙弗谖也，岂易与沓沓道哉。本宗本帝尧刘累之，后在周则为唐杜氏，成王灭唐迁封杜伯，因氏焉得姓受氏，固然嗣沿汉晋隋唐递及五代宋元，其间名臣显宦、杰士高贤指不胜屈，史录撮举其最著者，乌知前之所从出，后之所自分，苟冒援为始基之主，其不为崇韬也几何，此亦势之，无可如何，良可悼惜也。是以二十一世祖东峰公，悄悄惶惶追考墓铭以及祠堂神主所载，制造谱书。暨二十三世祖九潭公、二十七世祖云齐公继继承承修之，至再奉灵瑞三侯王为杜洋所自出之始祖，续值宋元嬗代兵燹，逃窜十有余世，无征者阙之，行第有载者录之，直至十五世宣教谷隐公始得其统绪，今之子孙绵绵绳绳，其不昧于所从来者，岂不甚赖有斯谱之昭垂欤。噫！列祖所以佑启我后，贻厥孙谋者，岂遂已哉！夫莫为之前，晦而弗彰；莫为之后，孰永为传。猥以枥中鲜学彪外无文，乾隆戊寅年间，谬承族叔祖世、愫世、玭世、憬世，禧伯叔祖肇祚、肇棫，兄玉根等商辑谱牒，退而细检遗编，创于前者手本固已无存，修于后者或假他人抄录，半多潦草，或以年迈神疲，不耐考核，均未见次第分明，详略得宜，用

---

① 前岐承志堂藏版民国《杜氏宗谱》，乾隆甲寅年重修族谱序。

是不量翦技，敢竭虫雕，参而订之。其于总图始祖另列一版。二世至十世，本其阙录，空叙世次，汇列一板。十一世至十四世因其行第复汇一板。十五世以下方一板，横五图。十九世以下，或为大宗，或为小宗，大宗分金、木、水、火、土五房，土房有分礼、乐、射、御、书、数六房，各制图眼，分叙朱书以标之，各名下只填字号及妣氏，余不赘絫。若后之世次齿列，各人顶格书之。低详其生卒、葬所、状赞，订造五本，金房一本，木、水、火三房无嗣，土房礼、御两房无嗣，乐、射、书、数四房各一本，质之尊长，幸许可焉。未几又历三十有七载矣，眼见婚娶卒葬年庚较昔倍增，而族叔肇穆、肇抡、肇捴，兄玉瑞、弟玉豪如旦道周，玉霍、玉纮，侄瑞焜、瑞端等复商续辑，本欲丐大手笔以为宗族光，奈公资微薄，不足邀名人之重盼，故不以衰惫而倦于检校，幸男瑞钟作字颇清楷，监其仔细依样抄誊，经寒暑而竣，疑者阙之，讹者正之，注其失落，补其未载，庶几明如指掌，瞭然心目。

夫吾未必族人敬其祖考，爱其子孙，而是谱之辑，务以清其源流，正其本枝，昭穆无紊，长幼有序，使知人有祖考，即有生之源本，其当致敬何如；人有子孙，乃一体之支流，其当致爱，何如。矧爱敬者，仁让之施，亲长之谓。曾子曰：一家仁，一国兴仁；一家让，一国兴让。孟子曰：人各亲其亲，长其长，而天下平。国与天下之平治也，不由于家之齐欤。则是谱之修与国史而并重，岂区区小补列祖制作云乎哉。小雅云：子子孙孙，勿替引之。端有望于来者。复系以诗曰：

　　鼻始侯王荫息昌，森森竹立遍溪庄。
　　为怜奕叶源流涸，爰和同声缵绪忙。
　　古牒从今翻璀璨，新编依旧略更张。
　　留题不尽叮喧语，轶起龙文尚赞襄。

大清乾隆甲寅年腊月
三十世孙泰轩如棠盥序

乾隆年间的这次修谱，谱序记载十分详细，是历次修谱谱序中唯一将各分房名字清楚表述的，"大宗分金、木、水、火、土五房，土房有分礼、乐、射、御、书、数六房，各制图眼"，大小宗分房名字以"六艺"命名，可见族人尚文之义。

道光年间重修族谱序[1]

族有谱由来尚矣,古者因生赐姓,祚土命氏。姓以别婚姻,氏以辨贵贱。而又统之以九族,约之以五宗,然后昭穆明,长幼序,疏戚洽,小而保族宜家,大而庇民正俗,其所系不亦重乎?后世氏族不一,或以官为氏,或以地为氏者,或以德,或以技,或以王父字,或以始封邑为氏者,水木本源,井然不乱。吾族杜氏谱帙之制,始于二十一世祖东峰公,继而修之,乃万历十九年,系二十三世祖九潭公及林韦齐、林思霁先生也,迨至二十六世祖乔父公,当播迁之际力存旧谱,于康熙四十九年间二十七世祖士昇公、士仰公、士俨公三人重修之,沿及乾隆丁卯年间,二十八世祖世萌公延请必轩陈其瑞先生复修之,延至乾隆甲寅年,三十世如棠公复重修之,凡五修焉,迄今四十有八载。目击徙迁散处者不下数村,丁口蕃盛,亦几千人矣,虑及世远年湮,时移势易,倘无谱以纪之,则前后之世次莫考。兹岁壬春,兄瑞灯、瑞芝、弟瑞荣、瑞邦、瑞秩、瑞沧、瑞迁、瑞礼,侄开麒、开北、开铭、开境、开潘、开经、开添、开凑等,其兴敦本之思,有继述之志,命余三人秉笔续辑之,吾辈乃井观蠡测,恐不堪任,兄侄等而言曰:吾与汝族人也,奚须固辞。余曰:然,倘不嫌管窥之见,奚敢惮烦。于是承命。悉遵欧公之法,血线、络绎、派别、丝联之义,用苏氏之体者,父子相承,兄弟不紊之义,制其图以考世系之终始,列其纪以别次序之尊卑,二者互用,源流井井,脉络易求。凡某世某系必书,某处某氏必书,某男某女适某必书,某生年月日时必书,某迁某处必书,某卒某葬必书,缙绅功绩、行纪节孝必书,核实详明,使来叶有所考证,不敢诬,也不敢紊,亦不敢略,俾后之子孙披图而阅,瞭然于目,知家之有谱,犹木之有本,水之有源,于戏!子孙贤,家必兴,族必大。诗不云乎:子子孙孙,勿替引之。遂名其谱曰启后流芳云。

大清道光二十一年岁,在辛丑仲夏之月榖旦

三十一世瑞营号乐轩、二开泽河九、三邦栋亦润同撰

---

[1] 前岐承志堂藏版民国《杜氏宗谱》,道光年间重修族谱序。

光绪十一年新修族谱自序①

  语云饮水知源,为子孙言之也,而子孙知源莫大于族谱。我金溪杜氏自有晋从龙渡江以来,历三四迁而至杜洋,世有传人,家亦有旧谱,盖源源于兹也久矣,惜厄于宋元兵燹,旧谱散佚,先代懵如,仅传灵瑞三侯王为始祖,而自二世至十世,名讳、坟茔泯然莫考,此有志溯源者所胜纡悒也,犹幸二十一世祖东峰公于明嘉靖五年考究祖墓碑铭,殚力毕精,创成谱牒。自十世以前文献虽阙,而十世以后闻见可凭,烺烺炳炳,以遗子孙,前人所谓繄维阙功,山高水长者也。洎万历十九年二十三世祖九潭公修明而较正之,而支连派衍如江河行地,日月经天,亘万古而不混矣,嗣是国朝康熙四十二年再修于二十六世祖乔父公,乾隆十二年三修于二十八世祖可情公,乾隆五十九年至三十世祖泰轩公凡四修焉,道光二十一年三十一世祖乐轩公于三十二世祖河九、三十三世祖亦润诸公竝议修辑,旋以族议互异,分房②九十四年,倘不急为合修,窃恐行第各异、名讳互干,历时愈久,综博愈难,族姓之谱分,而尊亲之道亡,势必一本也,而气味判若薰莸同源也,而肝胆倅于楚越。入主出奴之见起,而党同伐异之祸兴矣,喜等深为此惧,以为谱及今而始,修已数过,而时可谱及今而不合,将一离而永睽,其何以慰列祖列宗佑启后人之心,与东峰、九潭数公修制谱书之意耶。故于甲申夏鸠集各房首事,约定协力同修议成,族侄孙百绍言曰:谱之不修与无谱等,修之不善与无修同,诸尊长而议修谱也,尚其慎择名师焉。众等韪其言,乃博访远咨,得同邑武垟王乐莘先生。延之先生,因其旧图,参以新式,程功于甲申阳月,竣事于乙酉腊月,展阅之余,序井井而不紊,事昭昭而如昨,庶几览是谱者,孝子悌弟之心油然以生,而尊祖敬宗之念亦复勃然以起,后有贤子孙作乎,沿流以溯其源,而源弥浚者流弥长,是则余等之所厚望也。

  时皇清光绪十一年岁舍乙酉腊月
  裔孙开枢、开喜、开春、开昇、延芽、邦枝、邦言、邦铭、邦陈、邦相、邦禄、邦长、明兴同志

---

① 前岐承志堂藏版民国《杜氏宗谱》,光绪十一年新修族谱自序。
② 缺行,增补内容如:(分房)各修,且有是而未修者,盖自泰轩公合修后,距今已(九十四年)。

光绪十一年纂修族谱叙①

　　士君子立身行己,其为敦本之务者有二:其一则祖考之宗祠,其一则合族之谱系。二者为事虽迂而实切,虽赊而实急,皆敦本之意也,士君子不可不先务之。吾乌杯杜氏,至宋灵瑞三侯王为杜洋所自出之始祖,即今独家是也,再迁乌杯拓基,肇迹其间,世远人遐,读书仕进显名于世者尤不可缕述,至明东峰公以乡举而历任县职,弟侄辈以一举成名斯世。当时人文蔚起,俨为邑之望族,故宗祠之建亦在乌杯,而杜家则无有焉。夫乌杯之厥祠也,在建置之初规模非不恢廓,今则日即摧圮,岁时飨祀,有议其隘且陋者,故诸董事人改建宗祠,再造祖厅,缉而复新之基址,仍乎其旧,而祠宇厅堂则视昔为加广矣。或曰宗祠祖厅之建,所以妥先灵也,今幸式廓其宇,则祖考之灵实于是而式凭之矣。而谱系之修亦所以序昭穆、明世系,于以推求其氏族之所自出,与其家世之所由来,其所系之重亦不下于宗祠,况吾乌杯杜氏其先世谱系多缺失无可考,自东峰公以归田多暇,从容蒐访,罗其散失,创为族谱,实于是始,厥后虽代有修辑,皆各以其己见纂为房谱,或世代之失次,或行第之不符,其缺失不可胜言。族之鸠首复谋之于镐,镐不敢辞,谨主其事,敬延前岐王聘三先生修之,十阅月而三易稿始成帙。今幸族谱、宗祠与祖厅次第告竣,爰述其缘起并之简首,后之人能以祖考之心为心,皆有尊祖敬宗,敦崇一本之念,于以务君子之所当务,而相求于勿替焉,岂非吾族之厚幸哉,尚其勉之,予日望之。

　　时皇清光绪十一年岁舍乙酉腊月
　　二十三世孙延镐谨志

---

① 前岐承志堂藏版民国《杜氏宗谱》,光绪十一年纂修族谱叙。

三、族谱与社会秩序

(一) 祠　　规

条申族规①

一、名字不宜犯讳,或有误犯,少者则宜改避,稽自桅孙、思孙二祖,以前名字不拘定行,此避讳所由有难焉者,亦世代所由,有难明者,即自孙、文、子、应、克、延、元、大、士九代名有定行,而字亦无定行,自世肇、玉可、彦若三代名与字始有定行,然亦非连续之字,或起自最长之人名,而字之后遂沿而效之,但已往固不必过凿,今名行连字两句,字行亦连字两句,列明篇首,余俟将来而复续,嗣后合族取名取字须仔细查明,照此排行,毋得私创名字,以致犯讳,以紊行例焉可。

一、合族居址原由已叙明,于后虽不比通都大邑,然溯自开址拓疆以来,俱属千百年间,颇觉久居之所如杜洋,被族蠹断送他属,固无庸置喙,如乌杯、九里、漆溪现今安居无恙,其来龙基址固不禁各房自相买卖照管,断不许背卖外姓,并在后门来龙安葬,自求利荫,如有此情,合族子孙不拘有分无分,皆得向前公殛毋得畏缩焉可。

一、本宗原无外姓绍嗣,查自二十六世并二十七世始有一二,然至今凡三十余世,亦不满十余人,但已往不谏,兹后或绍继除是本房内无可取继,不得已听其外承,若本房内有可取继,断不得擅向外承,以致嬴吕丑秽,马牛混乱,如违公殛,金枝玉叶尚其珍重焉可。

一、赌博乃破败之由,族中颇少,此等浪夫与其滋蔓难图,何若萌芽先斩,兹后族人不拘在本村外村赌博,遇获者务须禀明族长,鸠众老成将此辈封祖宗面前重责,以警将来,不则罚钱一千文,以纪过犯焉可。

---

① 前岐承志堂藏版民国《杜氏宗谱》,条申族规。

(二)家　　训

族　　训①

一、尊祖。值春秋而感霜露之悲,洁蘋蘩而隆祭祀之典,报本追远之道在是矣。

一、孝弟。为人子者,无论富贵贫贱当随宜致爱,承顺亲志,虽劳不怨;为人弟者,无论富贵贫贱当随宜致敬,克友兄长,即劳不辞,至父兄有过复能尽几谏之道,为子弟之职,庶几无愧欤。

一、敬老。朝廷隆敬老之典,况乡党乎?族之有齿,德者务须加敬加爱,以尽尊长之分,切勿有欺有慢,而被犯上之名。

一、育材。人非生而知,须学而能,为父兄者尚宜隆师傅以造就之,为伯叔者于勤学子侄亦当忠告善道,以致其规,至已成材者,虽少亦加礼焉,则人材其庶几有小补云。

一、妇行。三从七出之义已有明条,但妇行以节孝为先,故礼严男女授受之节,重奉执箕帚之力,为家长者务讲内则之篇,以端风化焉可。

一、训子。谚云:桑条从小忧,大则不屈,此蒙养所以贵端也。子当少时教以称呼、作揖,会骂慢上即宜戒焉,及稍长无论贤愚,皆教以义、方、贤者,使之从事诗书,以备王国栋梁之选,愚者使之效力亩犬亩,以代父老负载之劳,怠惰放荡宜加督责,容忍姑息非爱子道也。

一、吉礼。冠婚喜庆事,酒席须从宜酌行,毋奢侈,毋吝啬,以伤古道。

一、凶礼。凡有丧事以送死哀痛为本,不许尚酒作乐,致乖礼制,惟棺椁衣衾之竭其力焉可。

一、敦族。族众颇蕃衍情义易乖离,凡行坐饮食须照齿排列,往来交际,茶酒烟饭随宜接应,毋以小加大,毋以强抑弱,毋以富欺贫,毋以贵凌贱,相亲相睦,方成美族。

一、睦邻。邻有相周相恤之义,恣己凌人非忠厚俗也,如有因交易搆怨游荡角口,或逞凶斗狠,与夫盗采田园蔬果者,公罚以警将来,若田

---

① 前岐承志堂藏版民国《杜氏宗谱》,族训。

地产业攸关,恃强凌逼者,尤当酌理互相劝谕。

四、族谱与乡土艺文

诗　文[①]

咏仁会里诸形胜诗　七截二十首

席帽饯日（西山尖峰）
巍巍席帽冠天闻,西山衔来几落盆。
御座清光临彷徨,雍容拜送日晡村。

御屏橐晓（后山）
拥回夷顶唤溪洲,昕气初升闲气浮。
席帽半垂青谷网,仁人趋谒帝王州。

玉印浮渊（乌石）
四角端然渍水清,峻增出匣露威名。
封溪一带从风韵,滚滚鹰冠赖此行。

金甲锁津（赤石）
赫赫风威镇上流,稜稜锁甲唤旎头。
溪梢试问谁为忏,籍籍衣冠临九州。

云衢摇冗
缘厓眇眇护浮云,一线横铺蘸浪沄。
独步贯鱼凭左右,九馗疑险信同分。

月窟跻盘（下马岭）
迤步峻增陟顶高,两膝撑胸汗拂毛。
枏头月偃松萝杪,耳听蟾宫奏玉璈。

芙蓉耸秀（金岩）
青山削出两员峰,辣拔崔嵬紫翠重。

---

① 前岐承志堂藏版民国《杜氏宗谱》,咏任会里诸形胜诗。

烟雨初开云霭霭,不知衡岳有芙蓉。

莲花献瓣(案山)

五朵云峰结翠微,森森拱户带烟霏。
四时春色谁如好,华山顶上月同晖。

金线垂绦(坝头坑)

博岩过峡飞金线,布瀑垂丝漱玉泉。
夜静琅珰鸣锦里,诸君仁会挂朝寰。

玉醴喷琼(溪流)

飞云沃日泻玄津,湍结烟波涌地垠。
解愠清酣流第一,淙淙激石有书声。

龙门春雨(三石门)

三石崚嶒扁浪屋,一声霹雳起潜龙。
兴云致雨轻腾翥,山岳低头失却峰。

草堂秋月(旧草堂)

当年古迹埋荒径,春草含辉雨带烟。
烂漫花开长白日,朦胧雨过旧青天。

古木托干(秃枫)

千年托干老山中,半倚危岩半庋空。
风雨憾柯因削秀,雪霜焚叶理残红。

怪石排渊

员不员兮方不方,如人如兽倚澜洸。
千年白叟磨踪迹,万载青衿引路傍。

溪流击籁

有甚频来杂听聪,无端溪浒激流淙。
高堂尽日惊虚籁,枕畔终宵纳野舂。

山色拖岚

四时不剥叶中青,千载常留涧外情。
烂漫花开将谷绣,朦胧雨过送峰青。

小涧交回(小坑)

一涧环回百涧情,逆流波上有余清。
草堂栖在东峰下,大小交回锁一城。

封畦流汹(田水)

郯郯凿凿百畦塍，欺弄芳草漏毕澄。

仁会里翁时赛酹，黍鸡斜日醉丰登。

天马当乘

五云深处出蒲梢，翘首腾骧露碧坳。

耸翠高峰门外拱，扶摇万里欺风敲。

金库临储

员头丰顶叠围箱，积粟盈盈几万梁。

贮尽秋成丰岁稔，仁人富有冠村乡。

又咏仁会里十四景诗(五言律)①

云屏积翠(金岩高耸在仁会里之北，绚彩如黄云紫雾，若屏障然)

天建锦云屏，崔嵬障野垌。晴岚浮石嶕，夜月锁岩扁。

荔薜摇金影，乳泉滴玉铃。千年增胜概，万古壮山庭。

笔架堆蓝(三峰起锐在仁会里之南面，形如笔架排几)

笔架连三山，森如玉笋班。林花增谷绣，野菊依岩斑。

月嶠猿哀急，烟松鹤避还。四时春色变，群巘秀天葩。

瑞气迎新旭，祥光蔚晚霞。孤云悬壁峭，皓月挂岩岈。

角亢逢春旱，恩荣属大家。

兑金耀西(席帽山起峰突锐 击页 立西方兑位)

突出群山际，嵯峨豁远眸。轻烟笼绝岛，新月偃岭楼。

秀应紫微殿，光摇太白陬。行人看不厌，雨霁宿云收。

清泉漱玉

一泄银河带，清香泻六幽。雨澴腾膺沸，风度过潭湫。

漱石清琅响，拖烟碧玉流。俗尘浑不染，可掬濯缨绿。

丹崖障壁(险岩壁立于西障塞水口，上有攀缘之径，下有潆湍之深)

合沓障重岗，抱回万顷汪。嵚岭生谷狠，硨矶壮山狂。

苔印缘崖赤，湾洄绕麓洸。林幽无鸟语，丛邃有兰香。

乌石鸣琴(上港灞下有石，五六丈阔，其色乌，谓之乌石，激流漱泉如琴声)

玉带击璜琮，波流左右冲。浮光红日绚，微翠紫泥封。

---

① 前岐承志堂藏版民国《杜氏宗谱》，又咏任会里十四景诗。

泉潄嘈虚枕,烟横耸秀峰。铿铿弹锦里,月下响泉踪。

赤矶摇珮(下洋坝上有石四五丈阔,其色赤,谓之赤石,冲涛奔涌,如珮之摇)

屹立激洪涛,夜鸣白玉珂。水光摇破碎,霞影迓相摩。
雨积缘苍藓,崖埋浸绿波。轻烟迷翠幌,俨若野中皤。

枫潭影月(东畔有潭,名曰枫叶潭,深沉清翠,皓月澄辉)

积翠浮玄文,幽深浪不闻。夜明澄皓月,昼暝覆苍云。
星斗凌寒气,鸥凫破晓氛。金风凋树老,枫叶落如焚。

文星耸秀(坝头坑边山墩名曰文星峰,峨眉耸秀,湾抱堂局)

巆屼秀影疏,南斗避由淤。翠竹鸣蜩螿,芳兰杂蝶胥。
累云如顶髻,罩雾拟巾车。幽访山中趣,留题石上书。

龙蟠东圳(东山圳下有白龙潭,久雨鸣则晴,久晴鸣则雨)

电帜㨊天庭,清光烂丙丁。日缠红紫雾,夜喷澹疏星。
微响阴晴变,长嘘宇宙冥。骊珠戏颔下,火斗起沉荧。

马啣西岭(西山有岭名曰下马岭,高峻,攀缘而登岩崖,鱼贯而行)

吸哦千层梯,贯鱼缘木跻。幽崖饶月露,陡壁滑云泥。
过雨松杉秀,堆岚斗宿低。往来频下马,陟顶望茶溪。

捍门拱日(九里山起如羽扇,障于水口)

琼巘挂晴旴,烟岚落露濡。千峰迎花坞,九里障林须。
雨洗清光异,春回秀气殊。溪流凭砥柱,屈曲自难逾。

文笔插天

耸秀插天文,足音空谷闻。梯天登皓月,蹑宿步青云。
鸟唱妨幽静,花开杂紫气。乱山环合沓,高锐出巅峰。

　　按:金溪千寻竹坞,一派花隈,其名乌杯,想必坞隈二字音语所流之误,然不可考已。东峰公改为仁会,人以地重,地因地传之意也,所咏诸形胜七言截句仿竹枝词体,一丘一壑俱见,艮止坎行大道理,其五言律推敲啸傲,更兼庾鲍之长,可谓不愧少陵世裔,但独歌自唱居然白雪阳春,属而和之,有望于后之作者云尔。

　　三十世孙如棠谨志